东方
文化符号

苏州古城

王稼句 著

江苏凤凰美术出版社

图书在版编目（CIP）数据

苏州古城 / 王稼句著. -- 南京：江苏凤凰美术出版社, 2025.1. -- (东方文化符号). -- ISBN 978-7-5741-1657-3

Ⅰ.K878.2

中国国家版本馆CIP数据核字第20243HL073号

责 任 编 辑	唐　凡
设 计 指 导	曲闵民
责 任 校 对	孙剑博
责 任 监 印	张宇华
责任设计编辑	赵　秘

丛 书 名	东方文化符号
书　　名	苏州古城
著　　者	王稼句
出版发行	江苏凤凰美术出版社（南京市湖南路1号　邮编：210009）
制　　版	南京新华丰制版有限公司
印　　刷	盐城志坤印刷有限公司
开　　本	889mm×1194mm　1/32
印　　张	5.375
版　　次	2025年1月第1版
印　　次	2025年1月第1次印刷
标准书号	ISBN 978-7-5741-1657-3
定　　价	88.00元

营销部电话　025-68155792　营销部地址　南京市湖南路1号
江苏凤凰美术出版社图书凡印装错误可向承印厂调换

目录

前言 …………………………………………… 1

第一章 吴都春秋 …………………………… 3
　第一节 吴大城的起建 …………………… 3
　第二节 故都遗迹寻踪 …………………… 14
　第三节 最早的礼制性大城 ……………… 26

第二章 古城沧桑 …………………………… 33
　第一节 横山下的新城 …………………… 33
　第二节 唐宋江南雄郡 …………………… 37
　第三节 建炎毁城 ………………………… 44
　第四节 废墟上的重生 …………………… 46

第三章 东南都会 …………………………… 53
　第一节 蒙元时代 ………………………… 53
　第二节 明清的繁华 ……………………… 58
　第三节 近代的变迁 ……………………… 69

第四章　吴郡城郭 ······ 87
第一节　大城和小城 ······ 87
第二节　都市里的田野 ······ 102
第三节　衙署林立的省城 ······ 111

第五章　文脉地标 ······ 118
第一节　文庙和泮宫 ······ 118
第二节　浙西第一客馆 ······ 124
第三节　玄妙观里 ······ 127
第四节　钟声塔影 ······ 133

第六章　诗意江南 ······ 141
第一节　坊市·街巷·民居 ······ 141
第二节　城里半园亭 ······ 152
第三节　画桥三百映江城 ······ 160

前　言

　　这本小书从时间和空间两个维度，一经一纬，对苏州古城的历史沿革和构成形态展开纵横之谈。

　　最早的苏州城建于何时，先秦文献阙如。按汉唐学者的说法，它起造于吴王阖闾时代，且进而认为它坐落于今苏州古城区。自两宋至明清的方志都以此为圭臬，遂成正统之说。一座古城，岿然不移，悠悠2500多年，确乎世间少有。顾颉刚《苏州史志笔记》就说："苏州城之古为全国之一，尚是春秋时物；其次为成都，则战国时物。"

　　文献中的中国历史源远流长，传统学术对它的考察，只是凭借经史、金石、古物、神话的记载。即使进入20世纪，中外学者的考古活动已频繁展开，但王国维提出用"二重证据法"来重建古史，依然是金石铭文的继续，并非取诸考古的成果。及至20年代，随着田野考古的不断发现，文献中上古历史的真实性也不断受到怀疑，于是"疑古"的学术思潮开始涌动，将对上古历史的重新认识，寄托于现代考古学的进一步发达。如胡适在给顾颉刚的信中就说："现在先把古史缩短二三千年，从《诗》三百篇做起。将来等到金石学、考古学发达，上了科学轨道以后，然后用地底下掘出的史料，慢慢地拉长东周以前的古史。"这个观点很大程度上代表了"五四"以后"新国学"学者的思考。

2009年，中国社会科学院考古研究所、苏州市考古研究所在西郊木渎一带进行考古调查和发掘，证实在那里的山间盆地内，存在着一座春秋时期具有都城性质的大型古城。这一重大考古成果，被列入中国社会科学院2010年度中国六大考古新发现、国家文物局2010年度全国十大考古新发现。

依据考古发现，结合文献记载，苏州建城史可分前后两个时期：前期是从寿梦至阖闾、夫差时代延及西汉晚期，其址在今胥口、木渎一带；后期是从西汉晚期迄于今，其址在今苏州古城区，乃中国历史上最早的礼制性大城。

苏州古城的构成形态，如城墙、坊市、街巷、河道、桥梁、官署、寺观、祠庙、学校、民居、园囿等等，也都在不断变化之中，这有战争的因素、经济的因素，也有自然环境变化的因素。但古城不断变迁的历史，正是古城的成长史，也是人口聚集不断增加、社会经济不断发展、人居环境不断改善的历史。

第一章　吴都春秋

第一节　吴大城的起建

追溯苏州城市史,应该从寿梦说起。

寿梦是仲雍十九代孙,乃去齐之子,名乘,又称孰姑,公元前585年继位。在吴国史上,他第一个称王,也是从他开始,吴国才有了明确的纪年。寿梦在位25年,公元前561年卒。在寿梦时代,其将都城从梅里迁至今苏州一带。《世本·居篇》载:"吴孰哉居藩篱,孰姑徙句吴。"孰哉即仲雍,藩篱即梅里,意谓仲雍之居在梅里,寿梦则已徙句吴。"句吴"即吴。《吴越春秋·吴太伯传》说:"故太伯起城,周三里二百步,外郭三百余里,在西北隅,名曰故吴,人民皆耕田其中。"寿梦徙置的都城,仍在吴"外郭三百余里"的范围内。或说寿梦所徙都城在胥湖口,翁澍《具区志·杂纪》引《图经》:"吴王寿梦故城在胥湖口。"胥湖是太湖东岸五湾之一。唐宋学者也多寿梦徙都的记载,如陆广微《吴地记》就记载了平门、夏驾湖、苑桥、都亭桥、齐门、将门等寿梦时代的地名。按地名随迁之例,都不在今苏州城范围内。又,昆山故城亦寿梦所筑。李吉甫《元和郡县志·江南道一》说:"昆山县,本秦汉娄县,其城吴子寿梦所筑。"

1992 年,浒关真山大墓被发现。其中大真山顶的春秋墓葬,封土高厚,墓室宽大,葬具为七棺二椁,并由玉面饰、珠襦、玉甲饰和阳具饰组成玉殓葬。如此规格的墓葬,与曲村北赵晋侯墓、寿县蔡侯墓的级别几乎相等,应当是春秋中后期诸侯王墓葬。据苏州博物馆《真山东周墓地》推断,墓主唯有寿梦。《左传·襄公十二年》说:"秋,吴子寿梦卒。临于周庙,礼也。"如此则寿梦已徙都今苏州一带无疑矣。

如果以寿梦徙都作为苏州城市史的起始,那么至今已有近 2600 年了。

寿梦卒,长子诸樊继位。《世本·居篇》说:"诸樊徙吴。"这是寿梦之后又一次扩建都城。如果说寿梦都城在胥湖口,或因城址占地狭窄,或因自然环境变化,诸樊将城郭的范围向内陆扩大。诸樊卒,又历馀祭、馀昧。馀昧卒,传其子于州,即僚。自诸樊至僚的都城,没有徙移的文献记载。就僚时的情形来说,这个都城已有一定规模,市场交换频率较高,设有专门管理市场的市正。如公元前 522 年,伍子胥奔吴,《越绝书·荆平王内传》称其"乞于吴市三日，市正疑之，而道于阖庐"。

公元前514年，诸樊之子公子光用专诸为刺客，弑僚而篡夺王位，号为阖闾。阖闾登阼不久，就计划新造大城，这应该是在诸樊至僚的故城基础上进一步向内陆扩大，规模更巨，增筑更多，军事防御功能大大加强。《史记·仲尼弟子列传》说："夫吴，城高以厚，池广以深，甲坚以新，士选以饱，重器精兵尽在其中，又使明大夫守之。"这座大城，史称吴大城、阖闾城、阖闾大城等。

这座大城的坐落，不见先秦文献记载，至《越绝书》才提到它的所在，而且说得比较隐晦，容易被忽略。一是《计倪内经》说越王勾践问计于计倪："吾欲伐吴，恐弗能取。山林幽冥，不知利害所在。"则吴大城在山林之中，

木渎胥江　摄于20世纪20年代

并非今苏州城之坐落平原。二是《外传记·军气》说："吴故治西江，都牛、须女也。"西江即胥江，由胥口入，经由今木渎。

至于明确表达吴大城即今苏州城的说法，则已在唐代中期。杜佑《通典·州郡十二》说："苏州，春秋吴国之都也。"张守节《史记正义》、李吉甫《元和郡县志》等亦持此说。自此以后，这个说法遂成正统。但在唐代，亦未得到普遍认同，如白居易《东城桂三首》小序就说："苏之东城，古吴都城也，今为樵牧之场。"这个说法，大概缘于甫里阖闾浦的吴宫故实，陆龟蒙有《问吴宫辞》。

虽然吴大城即今苏州城之说居正统地位，但吴大城在今木渎一带，则故老相传，悠悠千载。如朱长文《吴郡图经续记·城邑》说："流俗或传吴之故都在馆娃宫侧。"洪武《苏州府志·城池》引《崇德县志》："吴之国都，今平江木渎。"清初葛芝《游仰天坞记》说："徐山人指示旧城之基，始知吴王建国，连山跨谷，俯瞰太湖，故相传响屧、玩花、采香诸迹不越数里内。今去郡城约三十里，迁筑之日未知何代，吾安知数百年之后不更卜于是耶。"迄今，还流传不少谚语，如"先有木渎镇，后有苏州城""先有长岗浪，后有苏州城"等，佐证了这一说法。

在其他文献记载中，也可看到吴大城在今木渎一带的证据。

先从吴大城外来说。《左传·哀公十七年》说："三月,越子伐吴,吴子御之笠泽,夹水而阵。"《吴郡志·古迹一》说:"越伐吴,吴王在姑苏,越筑此城,以逼之,城堞仿佛俱在。"越城遗址在今石湖东北岸。"姑苏",指姑苏台,正在对岸,即今越来溪西横山一线之后。如果吴大城即今苏州城,则不可能于此相持。又,《国语·吴语》记伍子胥将死,留下遗言:"以悬吾目于东门,以见越之入,吴国之亡也。"《史记正义·吴太伯世家》引《吴俗传》:"子胥亡后,越从松江北开渠至横山东北,筑城伐吴,子胥乃与越军梦,令从东南入,破吴。"越军自"东南入",那吴大城必在越来溪西,"悬吾目于东门"才说得通。又,《吴郡志·杂志》引《吴地记》:"阖闾十年,国东有夷人侵逼吴境,吴王大惊,令所司点军。王乃宴会亲行,平明出城十里,顿军憩歇,今憩桥是也。王曰:'进军。'所司又奏:'食时已至,令临顿。'吴军宴设之处,今临顿是也。"憩桥、临顿均在今苏州城内,如果"出城十里",唯吴大城在横山之西才合乎。如果大军尚未出城,就要憩歇、临顿,岂非笑话。

再从吴大城内来说。据《国语·吴语》记载,夫差十四年(前482),"越王勾践乃率中军溯江以袭吴,入其郛,焚其姑苏,徙其大舟"。韦昭注:"郛,郭也";"大舟,王舟;徙,取也"。则姑苏台在郭内;"大舟"当在太湖近岸,则其郭临湖也。夫差二十三年(前473),"越师遂入吴国,围王台"。韦昭注:"王台,姑苏。"又证

7

以姑苏台在郭内。《越绝书·外传记·吴地传》说阖闾"以游姑胥之台,以望太湖,中窥百姓","中窥百姓"则又得一证。同书又说:"阖庐之时,大霸,筑吴越城。城中有小城二,徙治胥山。"则胥山在郭内。又说:"放山者,在莋碓山南,以取长之。莋碓山下,故有乡名莋邑。吴王恶其名,内郭中,名通陵乡。"莋碓山即今狮子山,则狮子山南一带在郭内。《吴郡志·山》引《枕中记》:"吴西界有华山,可以度难。"则华山亦当在郭之内外。

更重要的是,今苏州城平面呈矩形,规制整齐,但在东汉之前,并无如此中规中矩的礼仪性城市。《周礼·夏官·司马·掌固》说:"凡国都之竟,有沟树之固,郊亦如之,民皆有职焉。若有山川,则因之。"《管子·乘马》也说:"凡立国都,非于大山之下,必于广川之上,高毋近旱而水用足,下毋近水而沟防省。因天材,就地利,故城郭不必中规矩,道路不必中准绳。"吕思勉《先秦史》第十三章提到当时城郭制度时说:"城版筑所成,城之外为郭,亦曰郛,则依山川形势为之,非如城之四面有墙也。"吴大城即呈不规则形,据《越绝书·外传记·吴地传》记载,"吴大城,周四十七里二百一十步二尺。陆门八,其二有楼。水门八。南面十里四十二步五尺,西面七里百一十二步三尺,北面八里二百二十六步三尺,东面十一里七十九步一尺。阖庐所造也。吴郭周六十八里六十步"。这种平面不规则的都城,符合春秋时的一般规律。

再从今苏州城墙的考古发掘来说，自20世纪50年代以来，各段城墙都发现有夯土层，出土了墓葬和器物，当是早期城墙的建筑遗迹，但其年代不早于东汉。唯2005年发掘平门一段城墙时，意外发现有战国遗址一处，出土了黑皮陶罐等。但这仅是一个点，应该是远离都城的军事性堡垒，或贵族集团的副食品基地，或居民的聚落所在，后来筑城时利用了这段夯土堆筑。

2009年考古发现的木渎春秋大城遗址，坐落于山间盆地，北侧为灵岩山、大焦山、狮子山、权枪岭、五峰山、博士岭、王马山等组成的"几"字形山地，西侧为穹隆山、香山，南侧为清明山，东侧为尧峰山、凤凰山、七子山、上方山等，总面积约24平方千米。城墙大致沿盆地边缘分布，南北两处城墙相距约6728米，城墙外侧均有城壕。已发现南北两处水门遗址、水门内外的水道遗址，以及多处商周时期遗址。这座大城依托自然而建，山水环绕，面积广袤。在城址之外的更大范围内，分布着众多不同规模的聚落和不同等级的墓葬，构成了以都邑为中心的聚落群体。

同时发现的小城遗址，在香山东麓，坐落于胥口合丰村的仇家村和下场村两个自然村，故今称合丰小城。小城大致呈抹角长方形，南北长约430米，东西宽约460米，面积约19万平方米。小城北侧和东侧地面上仍存在部分长条形土墩，应该是城墙的残留，总长约600米。城墙外

灵岩山前　摄于20世纪初

灵岩山前　摄于20世纪初

天平山前　摄于20世纪初

狮子山前　摄于20世纪20年代

侧有宽约 10 米、深约 2 米的壕堑环绕。小城的始建年代，约在西周后期至春秋早期。

　　大城遗址内，尚存土墩遗址 235 处，较集中地分布在五峰、新峰、廖里、合丰等地。土墩形状和高度不一，采集到春秋后期至战国的几何印纹陶片、原始瓷片等。结合南水门河道出土的板瓦残片、木构件等，可认定城内有春秋后期至战国的大型建筑基址。

　　经考古发掘，发现大量汉墓，部分已做清理。这些墓葬的年代，自西汉早期到西汉晚期，有成对并穴合葬墓，其方向有南北向、东西向，东西向多于南北向。随葬品的陶器，基本组合为壶、罐，也有单独随葬的小陶壶。这些汉墓的发现，说明这座古城至西汉晚期仍较繁荣，人口密集，氏族制度完善，还有相当的市场交易频率。

　　2011 年至 2014 年，中国社会科学院考古研究所、苏州市考古研究所继续对木渎大城进行考古发掘和调查，对其范围、年代、布局、性质等有了更清晰的认识。

　　大城四围山势陡峭，构成了天然屏障，仅有五处山口与外界沟通。西南侧香山和清明山之间是胥口，胥江由此经过，外通太湖，横穿城址，而清明山南麓的千年寺小城，正扼此要津；东南侧清明山和尧峰山之间的山口内侧，即为新峰城墙所在；东侧越来溪两岸，有吴城、越城夹水相持；北侧的五峰城墙，则是横亘五峰山和权枪岭之间的山口。因此，大城很可能是利用山口构筑防御设施，以周边的山体为天然城墙，从而形成较完备的防御体系。在大城周边发现一定数量的战国遗存，显示了它在当时的拱卫作用。城外西北隅的善山战国墓，出土器物具有鲜明的楚文化特征，可能与楚灭越有一定关系，同时证明大城在战国晚期仍在延续。大城内遗存分布呈现聚落散居的特点，遗存较集中地分布在五峰、新峰、合丰、廖里四处；而城址的其他区域，则极少发现同时期的遗存。大城内外发现有大量西汉墓葬，但迄今尚未发现东汉墓葬，这说明西汉时期大城的鼎盛，而大城的延续，一直要到西汉晚期。

综上所述，合丰小城乃西周晚期至春秋早期的高等级遗存，早在寿梦之前，那里已有吴人聚落。至寿梦徙都，以此为城邑，即《图经》所谓"吴王寿梦故城在胥湖口"之说。至阖闾时代，出现了更大规模的城址，即木渎吴大城。按《越绝书·外传记·吴地传》所说的"城中有小城二，徙治胥山"，则整个大城呈"西城东郭"格局。许宏《大都无城》引述了杨宽的观点："这种西城东郭的制度，是以西方为上位而东向的'坐西朝东'礼制在都城规划上的反映，后来不但被春秋战国时代中原各诸侯国先后采用，而且也被秦都咸阳和西汉都城长安沿袭下来。"

公元前473年，越灭吴。公元前379年，越王翳徙吴，为越国都城。公元前333年，楚灭越。公元前248年，春申君徙封于吴。《史记·春申君列传》说："因城故吴墟，以自为都邑。"公元前222年，秦王政使王翦平定楚江南地,置会稽郡。《史记正义·黥布列传》说:"时会稽郡所理在吴阖闾城中。"由此直至西汉晚期。也就是说,在胥口、木渎一带的吴大城,前后持续了约600年。

第二节　故都遗迹寻踪

吴大城内的宫室苑囿之建,最早是在寿梦时代。据《吴地记》记载,"夏驾湖,寿梦盛夏乘驾纳凉之处,凿湖池,置苑囿"。洪武《苏州府志·山》说:"夏驾山,在县西四十里。"夏驾湖亦当在其近处。夏驾者,当指夏禹之所驾临也,并非"盛夏乘驾"。

阖闾登阼后,既勤政,又节俭,但至其晚年,作风一变。《越绝书·外传记·吴地传》称其"秋冬治城中,春夏治姑苏之台。且食于纽山,昼游于胥母。射于躯陂,驰于游台,兴乐石城,走犬长洲"。槜李之战,阖闾阵亡,夫差继位。《国语·楚语下》记蓝尹亹有云:"今吾闻夫差好罢民力以成私好,纵过而翳谏,一夕之宿,台榭陂池必成,六畜玩好必从。"夫椒之战后,勾践卧薪尝胆,阴谋亡吴。《越绝书·内经九术》具体为文种的亡吴九术,其中之一就是"遗之巧匠,使起宫室高台,尽其财,疲其力",勾践称善。"于是作为策楣,婴以白璧,镂以黄金,类龙蛇而行者,乃使大夫种献之于吴。"夫差大喜,"遂受之而起姑胥台,三年聚财,五年乃成,高见二百里,行路之人,道死尸哭"。当时越国运来的木材,堆满了建筑工地附近的河道，木渎之名，即由此而来。

据文献记载的吴国遗迹，几乎都在木渎吴大城内外。

姑苏台，又作姑胥台，阖闾时起造，夫差时增筑。《吴郡志·古迹一》引《吴地记》："吴王阖庐十一年起台于姑苏山，因山为名，西南去国三十五里。夫差复高而饰之。越伐吴，遂见焚。"又说："阖庐十年筑，经五年始成，高三百丈，望见三百里，造曲路以登临。"《越绝书·外传记地传》记越灭吴后，"徙治姑胥台"，至秦汉时尚存遗制；同书记秦始皇"因奏吴，上姑苏台"。《史记·河渠书》太史公自述："上姑苏，望五湖。"至唐人来游，则久已荒芜。姑苏台的坐落处有三说，一说在姑苏山，一说在茶磨屿，一说在胥山。前两说实质一也。民国《木渎小志·古迹》说："盖是台本在横山绝顶，于左右望适中，由此西下姑胥，东下楞伽，诸峰峦皆得以姑苏统之。"台在胥山说，则来得比较合理。《国语·越语下》说："吴王帅其贤良与其重禄，以上姑苏。"韦昭注："姑苏，宫之台也，在吴阊门外，近湖。"台既近湖，则当在胥山。《水经注·沔水》称胥山"下有九折路，南出太湖，阖闾造，以游姑胥之台，以望太湖也"。据说，民国时山顶尚存有石筑基址。顾颉刚《苏州史志笔记补遗》也认为姑苏台应该在胥山一带。

馆娃宫，在灵岩山，相传乃夫差为西施而建。《吴地记》说："东二里有馆娃宫，吴人呼西施作娃，夫差置，今灵岩山是也。"据《吴郡图经续记·山》记载，灵岩山有玩月池、研池、玩花池、琴台、响屧廊、石室等遗迹，又有香水溪。任昉《述异记》卷上说："吴故宫亦有香水溪，俗云西施浴处，人呼为脂粉塘。"

南宫，在香山一带，今有南宫塘。洪武《苏州府志·古迹》说："南宫乡，在吴县界，亦吴王离宫。今小院岭南尚有两石门臼，宛然相对，正在断浜尽处。""小院岭"一作小苑岭。

长洲苑，为阖闾游猎之场。乐史《太平寰宇记·江南东道三》说："长洲苑，在县西南七十里。孟康曰：'以江水洲为苑也。'"《艺文类聚·产业部·田猎》引《吴地记》："长洲在姑苏南、太湖北岸，阖闾所游猎处也。"

馆娃宫遗址　摄于20世纪初

长洲苑在太湖北，为水中之洲，其址在今横泾、浦庄一带。

吴宫，在甪直。乾隆《吴郡甫里志·古迹》说："阖闾浦，即阖闾离宫也，在甫里西南，一名合塘，为苏松水路之要津。"吴宫里有梧桐园。任昉《述异记》卷下说："梧桐园在吴宫，本吴王夫差旧园也，一名鸣琴川。"其址约在甫里塘北的枫庄，"螳螂捕蝉，黄雀在后"的故事就发生在梧桐园里。

宴宫，在石湖东北，与郊台隔水相对。《石湖志·宫室》说："相传吴王郊天毕，则率群臣宴会于此，故曰宴宫。今其遗址在新郭市心十六图道字圩，地形坡陀而上，谓之塘北。北塘南特高丈许，广百余亩。今称宴宫里，市人接栋而居矣。"

吴城，在越来溪西横山下。《吴郡图经续记·往迹》说："盖吴王控越之地，宜为吴城，谓之鱼城，误也。横山之旁，冈势如城郭状，今犹隐隐然。"吴城依山而筑，与石湖之东的越城隔水相峙。吴城横亘横山至茶磨屿南北，今仅存茶磨屿一段，夯土城墙残高 4 米有余，绵延 300 多米，面积 2 万多平方米，部分夯实在山凹中，夯层、夯窝清晰。

越城，在越来溪东。越伐吴，筑此屯兵，以逼吴城。《吴郡图经续记·往迹》记新郭"或曰越王城亦在焉，盖此地吴越之所控守也"。城之遗址，东西长约 300 米，南北宽约 200 米，周长约 1000 米，整个平面呈椭圆形。残存城墙，南段宽二三十米，高三四米；北段宽三四十米，高四五米。

仿沈周山水册·姑苏台　吴湖帆绘

仿沈周山水册·馆娃宫　吴湖帆绘

仿沈周山水册·长洲苑　吴湖帆绘

仿沈周山水册·采香径（《吴郡志》作"采香泾"）　吴湖帆绘

北段均为黄土，可以清晰地看出堆夯剖面，夯土层次则不明显。

酒城，俗称苦酒城，在越来溪西横山下。《太平御览·饮食部》引《吴录·地理志》："吴王筑城，以贮䤅醢，今俗人呼苦酒城。"䤅醢是带汁的肉酱，苦酒是醋的别称。何以称为苦酒城，则不得解。

郊台，在茶磨屿之南，即吴大城外，其形如椅，相传为吴王郊祭拜天之处，俗称拜郊台。洪武《苏州府志·古迹》说："郊台，在横山东麓，下临石湖，坛壝之形俨然。相传吴僭王号时，尝郊祭于此。"今存巨石，方整若印，近人李根源题"郊台"两字。

射台，为吴王习射之台，所在无考。《越绝书·外传记吴地传》说："射台二，一在华池昌里，一在安阳里。"《吴郡图经续记·往迹》说："又有射台亦在横山。"或即其一。

夫差庙，旧时江浙间皆有之，以在姑苏山东北麓者最著名。《吴地记》说："郭西二里有夫差庙，拆姑苏台造。"庙至民国初年尚存。李根源《吴郡西山访古记》卷一说："渡河左岸，有姑苏庙，在田沟村东端，殿宇卑陋，塑神像奇诞不经，非夫差像。"此姑苏庙即夫差庙。

炙鱼桥，即中和桥，跨南宫塘。《吴越春秋·王僚使公子光传》说，专诸欲刺吴王僚，知僚嗜炙鱼，"专诸乃去，从太湖学炙鱼。三月得其味，安坐待公子命之"。民国《香山小志·古迹》说："今炙鱼桥去南宫不半里，俗呼捉鱼桥。"

百花洲，其址不可确考，约在石湖茶磨屿北。杨维桢《游石湖记》说："朝步自鹊桥，过百花洲，登姑苏台。"华钥《吴中胜记》说："石湖平洼如掌，僧指旁曲稍远者为百花洲。"或说即石湖荷花荡。

走狗塘，与荷花荡相接，俗称南塘河。《吴郡图经续记·往迹》说："鸡陂墟者，畜鸡之所；豨巷者，畜彘之处；走狗塘者，田猎之地也，皆吴王旧迹。"正德《姑苏志·水》说："由跨塘桥折而南为走狗塘，荷花荡在焉。"

采香泾，又称箭泾，北起灵岩山前香水溪，南接香山嘴河。《吴郡志·古迹一》说："采香泾，在香山之傍小溪也，吴王种香于香山，使美人泛舟于溪以采香。今自灵岩山望之，一水直如矢，故俗又名箭泾。"

香山，在穹隆之南。《吴郡志·山》说："香山、胥口相直，吴王种香于此山，遣美人采香焉，傍有山溪名采香泾。"其山麓即南宫所在。山北有上园、下园，即大晏岭、小晏岭，相传为吴王种花处。

校场山，在香山，山无定名，因跨唐墓、蒋墩两村，各就其村名山，又称小娘山，"校场"之音讹也。相传即孙武教宫女习战、斩吴王两宠姬之处，事见《史记·孙子吴起列传》。校场山有吴王庙，又称二妃庙或爱姬祠。屈复《苏州古迹三十九首·吴王庙》题注："庙在香山南址，貌二妃侍侧。相传即孙武所诛二队长也,又曰爱姬祠。"

胥山,在胥口上,其得名本与伍子胥无关。《水经注·沔水》引虞氏曰:"松江北去吴国五十里,江侧有丞、胥二山,山各有庙。鲁哀公十三年,越使二大夫畴无余、讴阳等伐吴,吴人败之,获二大夫,大夫死,故立庙于山上,号曰丞、胥二王也。胥山上今有坛石,长老云,胥神所治也。"因《史记·伍子胥列传》记子胥死后,"吴人怜之,为立祠于江上,因命曰胥山"。故胥山有伍公庙,庙前有所谓子胥墓,即相传"吴相国伍公鸱夷藏处"。

洞庭两山亦多春秋古迹。《震泽编·古迹》举有"故国之墟十",分别是马城、鹿城、马税城、可盘湾、明月湾、消夏湾、练渎、虎山、射鹗山、厥里,各有故实。此外,西山有吴王水精宫、越大夫诸稽郢墓,东山则有烟火墩。湖上诸峰中有东狱、西狱等。另外,光福虎山相传为吴王养虎处。

吴国贵族都实行厚葬。如任昉《述异记》卷上记阖闾夫人墓,"周回八里,别馆洞房,逦迤相属,漆灯照烂如日月焉。尤异者,金蚕玉燕各千余双"。《吴越春秋·阖闾内传》记阖闾小女胜玉墓,"凿池积土,文石为椁,题凑为中,金鼎玉杯,银樽珠襦之宝,皆以送女"。但工程最巨、规模最大的,当是阖闾自己的墓,相传在虎丘剑池下。《吴地记》说:"阖闾葬此山中,发五郡人作冢,铜椁三重,水银灌体,金银为坑。"尝以扁诸、鱼肠等剑三千殉葬，故以剑名池。

吴大城内外，还有阖庐宫、美女宫、居东城、榴溪城、巫榴城等。环郭至鄙，散置着吴国贵族的庄田和副食品基地，如大畻、胥主畻、野鹿陂、鸭城、豨巷、豆园、鸡陂、鹿陂、鹿园、冰室、酒醋城、储城、麋湖城等。

吴败于越，越败于楚，至春申君黄歇守吴，在吴宫废墟重建殿台。文献记载的个体或群体建筑，有黄堂、桃夏宫、假君宫、吴两仓、吴市、吴诸里大闹、吴狱庭、楚门等，都在这座大城里。难怪司马迁《史记·春申君传》要说："吾适楚，观春申君故城，宫室盛矣哉。"

虎丘剑池　摄于20世纪初

第三节 最早的礼制性大城

汉代之前,今苏州城内外的高地上就有吴人聚落,留下了他们的生活痕迹。在城内发现有新石器时代的石斧、砺石、几何印纹陶片、黑皮陶片,春秋战国的青铜器等。战国遗存相对较多,如灰坑、井、陶豆、陶罐等。城外也有战国遗存分布,主要集中在山麓的冲积扇地带,如西塘河遗址,发现了200余口战国井和大量战国墓。有的完整的战国遗址,因后来建今苏州城,被分割为城内、城外两部分,这说明战国时尚未建筑城墙。

汉代以后,在今苏州城留下的遗址和器物面广量大。就城门来说,相门水门的基础木材,取样进行放射性碳素断代测定,结果都是汉代,与同时出土的筒瓦、板瓦、陶片的时代一致;盘门水门底部石块的堆积方法,与相门水门一致,连石材亦同为略泛红色的砂岩。就城墙来说,盘门段城墙发现有汉陶片,阊门段城墙发现有汉双耳弦纹硬陶罐,平门段城墙发现有汉铜斧、铜灯、铜镰斗、铜镜、耳杯、五铢钱,齐门段城墙发现有汉陶罐、陶瓮、残铜弩机。各段城墙都发现有夯土层,但其年代不早于东汉。就城内来看,在汉代文化层中发现有五铢钱、筒瓦、板瓦、卷云纹瓦当、纺轮、釉陶壶罐、厚胎红陶罐,以及大量饰几何印纹陶器,以道前街、盘门景区、东吴丝织厂三处遗址出土的汉代遗物最为典型,与战国遗址呈零星分布的情况形成鲜明对比。全城数十处发现有汉代陶圈井,分布相对密集。这充分说明，苏州城在汉代已初具规模。城外四郊分布着大量汉墓，而城墙边仅发现少量东汉墓，正反映了汉代苏州的人口聚集程度提高，城内已成为居民生活中心。

今苏州城究竟建于汉代什么时期？根据它的规制，很有可能建于王莽时代。《汉书·王莽传》提到了他的营造理念，如"制度甚盛""崇其制度"等。所谓"制度"，就是遵循"六经"规定的古制。如《周礼·冬官·考工记》记载的周朝都城制度，所谓"匠人营国，方九里，旁三门。国中九经九纬，经涂九轨，左祖右社，面朝后市"。虽然春秋时期的宫城、小城有较规整的布局，大城则均呈不规则形，但礼制性城郭制度，乃是复古主义的理想境界。刘敦桢主编的《中国古代建筑史》第二章就说："汉以后有些朝代的都城为了附会古制,在这段规划思想上进行建设，并做出若干新发展。"

今苏州城具有礼制性城郭特征，平面呈矩形，城内规划整齐，子城在中央，城郭兼备，具有中轴线设计理念；里坊统一布置，道路纵横南北东西。如果说这是王莽时代遵循古制的具体实践，那么其在全国应该是最早且最完善的。一般认为，礼制性城郭的出现，要到魏晋南北朝时期。许宏《大都无城》说："对曹魏邺北城、北魏洛阳城、东魏北齐邺南城、隋大兴城和唐长安城等城址的发掘和研究，表明以都城为代表的中国古代城市，至此逐步发展成为布局严谨、中轴对称的封闭式里坊制城市。"并引述了杨宽的观点:"在西汉、东汉之际,都城制度发生了一次重大变化,整个都城的朝向由'坐西朝东'变为'坐北朝南'。"今苏州城建于西汉晚期,比曹魏邺北城早200多年,它的朝向是"坐北朝南",因为是在平原水网地带白地起造,不受旧城束缚,故能完整地体现礼制性城郭的制度。更重要的是,历经2000多年,苏州城的这种规制基本得以保留,不能不说是中国城市史上的奇迹,它巨大的历史文化价值,也是不言而喻的。

王莽时代的苏州城,今已难以做出全面、准确的描述。《吴越春秋·阖闾内传》的记载,既反映了东汉时的现状,同时受王莽复古思想的影响,与春秋后期的故实纠缠一起。如说:"子胥乃使相土尝水,象天法地,造筑大城,周回四十七里。陆门八,以象天八风;水门八,以法地八聪。筑小城,周十里,陵门三。"所谓"象天法地",就是遵循古制,而二八城门,两两相对,应该就是当时的实际情形,暗示着大城中轴线的存在。

王莽时代营建苏州城时,以遵循古制为原则,形成整个城郭建设的全面规划,应该是将开挖城壕、建造城墙、填平沼泽、筑直河道等同步综合进行。城内河道,纵横布列,与道路并行。张守节《史记正义·春申君列传》中说:"又大内北渎,四从五横,至今犹存。"应该就是汉唐时代的情形,至晚唐才形成"三横四直"的格局。水城门则不仅是防御和交通的需要,更是调节城内水位

中轴线分明的苏州城 摄于20世纪40年代

的重要设施。就相门和盘门的情形来看，水门向内微拱，与苏州城西高东低的地势相吻合，内设上下门，如遇大水，将进水的水下门关闭，将出水的水上门开启；如遇水荒，则反之。如此则城内水位基本保持稳定，使居民的生活、交通有所保障。

从筒瓦、板瓦、瓦当等的出土数量来看，汉代苏州城内有大量建筑物存在。又从汉墓出土的明器来看，当时房屋都带有足，有四足、六足、八足，反映了当时苏州建筑以干栏式为主，应该大都是临水而筑，沿河分布。汉代地层中未发现砖，至东汉中晚期才出现砖室墓，与梁思成《中国建筑史》第三章所说"汉代用砖实例均见于墓中"相吻合。因此当时建筑，墙用版筑，柱和梁架用木结构。

王莽托古改制，行政建置多改其名。苏州城所在的吴县改泰德县，即其一也。今苏州城的落成，恰在其时，则地名随迁，更有政策的保证。地名随迁，乃我国地理沿革史上的常见之事，亦为治古史者的常识。新城建成后，旧城的地名随迁新城。迟在东汉兴平年间（194—195），阊门的地名就已在今苏州城落实。童谣唱道："黄金车，班兰耳，开阊门，出天子。"张照根编制的《苏州市与木渎、藏书、胥口地名对照表》，为我们了解吴大城与今苏州城的地名关系，提供了可信的材料。

汉代徙城以后，今苏州一带的社会经济逐渐恢复，大批土地得到开发，铁器和耕牛的推广、耕作技术的提高、

盘门　摄于 20 世纪初

粪肥的使用，使农业生产开创了新局面；制陶、冶铜、造船等手工业取得长足进步，市场也有较大发展。同时出现了不少世族大家，如东汉吴人陆续、皋弘等。他们除在政治上操控朝柄、主宰州郡外，在经济上拥有大批土地和劳力，以农为主，结合部分手工业、商业的经营，所占社会财富巨大。

进入西晋后，吴郡城内建筑壮观，水道陆衢，绿树成荫，商市繁荣。重楼复阁的阊门，称一时丽谯。陆机《吴趋行》就咏道："吴趋自有始，请自阊门起。阊门何峨峨，飞阁跨通波。重栾承游极，回轩启曲阿。霭霭庆云被，泠泠祥风过。"

东晋隆安三年（399），爆发孙恩之乱；梁太清二年（548），又爆发侯景之乱。这两次浩劫，使吴郡遭到重大破坏。今考古发现四围城墙上有大量当时墓葬，就是这一时期吴郡城池被严重摧残、居民大量死亡的实证。

那当时的木渎吴大城呢？弃城已500年，已一片荒芜萧瑟景象。梁吴均《吴城赋》咏道："古树荒烟，几百千年，云是吴王所筑，越王所迁。东有铸剑残水，西有舞鹤故廛。萦具区之广泽，带姑苏之远山。仆本蓄怨，千悲亿恨，况复荆棘萧森，丛萝弥蔓。亭梧百尺，皆历地而生枝；阶筠万丈，或至秒而无叶。不见春荷夏蕫，惟闻秋蝉冬蝶。木魅晨走，山鬼夜惊。不知九州四海，乃复有此吴城。"留下了深刻的历史记忆。

第二章　古城沧桑

第一节　横山下的新城

隋开皇元年（581），废吴郡，改吴州。九年（589）平陈，改吴州为苏州。大业元年（605）复改苏州为吴州，九年（613）仍改州为郡，直到唐武德四年（621），再改吴郡为苏州。自此以后，苏州这个地名才真正落实下来。

关于苏州的"苏"字，洪武《苏州府志·考证》说："今作苏者，盖吴音声重，凡胥、须字皆转而为苏，故后人直曰姑苏。隋平陈，乃承其讹，改苏州。或者谓胥与输音相近，兵家不取。或又谓吴中鱼禾所自出，苏字兼之，故曰苏，亦无据。以《吴越春秋》《越绝》二书考之，一作姑胥，一作姑苏，则胥、苏二字其来远矣。"

江南自东晋以来，世族凌驾寒门，平陈以后，限制、剥夺他们的特权，由是激起剧变。开皇十年（590），各地豪民纷纷起兵，自称天子或大都督，大者数万人，小者数千人，攻陷州县，在苏州起事的是沈玄侩、沈杰。隋文帝以杨素为行军总管，征讨平定。一说在平乱之后，一说在平乱之前，杨素建州城于横山下。《吴郡图经续记》说："杨素帅师平之，以苏城尝被围，非设险之地，奏徙于古城西南横山之东，黄山之下。"（《城邑》）又说，杨素"追击至苏州，移郡邑于横山下，盖欲空其旧城耳"（《往迹》）。杨素在横山之东建新城后，移置苏州治，吴县治随迁，时在开皇十一年（591）。

横山距苏州旧城西南十五里，因四面皆横，故以得名，也称踞湖山、五坞山。杨素迁城于山下，即以山为屏蔽也。

横山石湖　摄于20世纪初

横山新城的规模、布局，今已无可稽考。相传治平寺为州治、县治所在。其外为郭，新郭之名即由此而来。

大业七年（611），炀帝兴辽东之役，生灵涂炭，各地纷纷揭竿而起。九年（613），刘元进在余杭起兵，以响应杨玄感，聚众数万，进据吴郡。唐武德初年，江南仍一片乱纷纷，各路农民军血腥争战，吴郡则为沈法兴所据。江南之乱平定后，苏州、吴县治所由新城迁回旧城。

由新城迁回旧城，时在唐武德七年（624），一说武德九年（626）。迁还旧城原因，那是由于在横山新城时期，战乱频仍，曾几度陷落，满目疮痍，初唐财力匮乏，无力重修。再说旧城选址科学，基础设施完善，新城不及旧城。《吴郡图经续记·城邑》说："唐武德末复其旧，盖知地势之不可迁也。观于城中，众流贯州，吐吸震泽，小滨别派，旁夹路衢，盖不如是，无以泄积潦安居民也。故虽名泽国，而城中未尝有垫溺荡析之患，非智者创于前，能者踵于后，安能致此哉。"

由于在隋末唐初的30多年里，横山下的新城几乎都在战火中，故新城遗迹，文献记载寥寥无几。

越公井，又称杨素井，在治平寺前。《吴郡志·古迹二》引《吴志》："坐当横山艮位，越来溪西百步，隋开皇十年，越国公杨素筑城创斯井焉，时屯师孔多，日饮万人。"南宋淳祐二年（1242），临安知府赵与篡于井上建亭，题"洌泉"两字，施清臣因作《建吴井洌泉亭记》，认为是"吴朝大井"而杨素疏浚。井口圆石板上有隋人刻字。据民国《吴县志·金石考一》引《吴郡金石目》，凡二十四字，"大隋大业七年辛未岁七月甲申朔二日乙酉造，邑主王以成"，作八分书，径六寸许。

石门遗构，在治平寺前的寺浜。《石湖志·山水》说："近年寺僧开浚此浜，得石门两柱，并门限俱全，亦有古砖如甓砌状者甚多。按周益公《南归录》谓，姑苏台有城三重，若然，此即姑苏台之城基也。又隋时迁郡治于新郭，而治平寺乃吴县治也，所得石门或县治之古迹欤？未知孰是。"

杨素桥，在新郭越城遗址，跨北郭港，相传杨素筑城时所建。

新郭，至今地名尚在。郭即外城，《礼记·礼运》说："大人世及以为礼，城郭沟池以为固。"孔颖达疏："城，内城；郭，外城也。"新郭是新城的外城郭。明清时，新郭与横塘、横金、木渎、光福、社下为吴县六大镇，人烟稠密，商业繁荣。

行春桥，在石湖北渚，始建年代无考。据笔者揣测，既名"行春"，很有可能起建于隋唐之际。所谓行春，即出新城东门而迎春也。立春是二十四节气中第一个节气，因与农业生产关系密切，遂形成重要的农业礼仪。早在东汉初，迎春就是顺应时序的五郊迎气礼仪之一。迎春那天，浩浩荡荡的队伍从东门出来，走过行春桥，再往东走八里地到祭坛。最早的行春桥，应该是木结构或木石结构。由

行春桥　摄于 20 世纪初

于州县两治迁回旧城，行春桥作为交通设施的作用减弱，甚至废圮了相当时期，故陆广微《吴地记》未记其名，唐人记咏也未提及。

第二节　唐宋江南雄郡

隋大业六年（610），炀帝继令开通济渠、邗江后，又利用天然河流和旧有渠道，开通自京口至余杭的江南运河,进一步加强了南北经济文化交流,苏州的区位优势更加突出。唐初在江南实行租庸调制,使苏州经济得到较快恢复和发展。万岁通天元年(696),析吴县地置长洲县,与吴县同城而治,成为江南最早的双附郭县。整个唐代,全国仅十个州郡城内置两县,可见苏州在当时的城市地位。

安史之乱后,北方及中原重遭兵乱,经济中心南移,江南成为中央财赋的主要来源,苏州在江南诸州中的地位尤显突出。初唐时苏州已列为上州,大历十三年(778)升为江南唯一雄州。所领七县,吴、嘉兴、长洲、昆山先后升为望县,常熟、海盐为紧县,唯华亭为上县,这在江南诸州中是仅有的。

苏州辖境之大、户口之殷,白居易在诗中屡有记咏,如《自到郡斋仅经旬日方专公务未及宴游偷闲走笔题二十四韵》云:"版图十万户,兵籍五千人。"《登闾门闲望》云:"十万夫家供课税,五千子弟守封疆。""十万户"的说法,与《元和郡县志》的记载基本相符。至于上交赋税,约占两浙的六分之一至五分之一。

唐代苏州的经济发展主要体现在农业和手工业的兴盛。农业上有两大因素:一是农具的改造,使得生产更加精耕细作,大大提高了农产品的单位产量;二是水利的兴修,较大的工程有贞元八年(792)刺史于頔重修的荻塘,元和三年(808)刺史李素开凿的元和塘,元和五年(810)刺史王仲舒修筑的松陵塘路。手工业方面,则以丝绸为大宗，不少品种上贡朝廷，彩笺、草席、金银器等也享有盛名，造船、煮盐、酿酒等技术体现了历史同期的较高水平。农业和手工业的发展，推动了商品市场的兴盛，不但出现了谷市、橘市、鱼市等专业市场，还出现了不受坊市制度限制的夜市。远方客商纷至沓来，促进了苏州城市的繁荣。

当时苏州的城市面貌，让人瞩目。贞元七年（791），韦应物来任刺史，《登重玄寺阁》云："始见吴都大，十里郁苍苍。山川表明丽，湖海吞大荒。合沓臻水陆，骈阗会四方。俗繁节又暄，雨顺物亦康。"宝历元年（825），白居易来任刺史，《九日宴集醉题郡楼兼呈周殷二判官》云："半酣凭槛起四顾，七堰八门六十坊。远近高低寺间出，东西南北桥相望。水道脉分棹鳞次，里闾棋布城册方。人烟树色无隙罅，十里一片青茫茫。"

从上述诗咏来看，当时苏州城规模整齐，人烟稠密，特别是"七堰八门六十坊"，说得很具体。

"七堰"是水利设施，都在城门外。旧有十六堰，唐为七堰，后又有废毁。《吴中水利全书》卷十三引郏亶《上水利书》："苏州五门旧皆有堰，今俗呼城下为堰下，而齐门犹有旧堰之称。是则堤防既完，则水无所潴容，设堰者恐其暴而流入城也。"

"八门"指城门，《吴地记》说："西阊、胥二门，南盘、蛇二门，东娄、匠二门，北齐、平二门。"唐代八门悉启。按《全唐诗》，唐人咏及仅阊、胥、赤、盘四门，阊、胥两门较多，赤、盘两门较少。

"六十坊"指坊市。坊者，市民聚居的里巷；市者，城中划定的商贸区。但当时苏州坊和市没有严格的区分。唐代苏州的主要市场在乐桥一带，正德《姑苏志·乡都》说："大市在乐桥，称为市心。古有东州市、谷市、小市，今皆名存市废。"

苏州城内因水道纵横，故桥梁极多，在唐代已具大观。白居易《正月三日闲行》云："绿浪东西南北水，红栏三百九十桥。"刘禹锡《乐天寄忆旧游因作报白君以答》云："春城三百七十桥，夹岸朱楼隔柳条。"自唐至宋，屡有增建，虽遭建炎兵燹，重建之数，与往昔大致相当。

宝历元年（825），白居易修筑了从阊门外至虎丘的塘路，时称武丘寺路，即今七里山塘。白居易《武丘寺路》云："自开山寺路，水陆往来频。银勒牵骄马，花船载丽人。芰荷生欲遍，桃李种仍新。好住湖堤上，长留一道春。"虎丘自古为名胜地，这条塘路的修筑，为后来阊门外形成繁华富丽之区，创造了条件。

就整个唐代来说，江南社会相对安定，承平时多，用兵时少，但苏州也有劫难。如上元元年（674），淮西节度副使刘展起兵，苏州为刘部张景超等所据，苏州城遭到破坏。乾符二年（875），浙江狼山镇遏使王郢叛乱，苏州城遭到更大破坏。

王郢乱后，刺史张抟重建苏州城。《吴地记》称其时"罗城，作亚字型"。"亚"的异体字作"亞"，一是形状规矩，二是主要干道都呈南北或东西直向，三是坊市布置井然有序。《吴地记》说："其城南北长十二里，东西九里。城中有大河，三横四直。苏州名标十望，地号六雄，七县八门，皆通水陆。郡郭三百余巷，吴、长二县古坊六十，虹桥三百有余。地广人繁，民多殷富，古踪灵迹，实异事。后因王郢叛乱，罗城乃以重修。今姑纂成图画，以俟后来者添修矣。"这是晚唐的苏州城市景象。"纂成图画"是文献记载的最早苏州城市地图，惜未传世。

钱镠于后梁开平元年（907）封吴越王，龙德三年（923）封吴越国王。吴越国共领一军十三州，其范围包括今浙江、江苏南部、福建北部。钱镠的基本国策是"保境安民"，纳贡称藩，臣服中原，以求得社会的安定。同时，积极发展农业，大力开垦荒地，统一规划兴修水利，专设撩浅军从事修治和疏浚，并大规模修造圩田，以营田军驻屯。

苏州是吴越国十三州中最重要的城市，经济基础稳固，生产发展迅速，手工业则以土布、丝绸、刺绣、金银器、铜器、造船、制笺、印刷、漆器、编织以及盐、酒、茶、糖的食品加工为主，工商业出现了繁荣局面，人民得以安居乐业。孙觌《平江府枫桥普明禅院兴造记》说："自盖长庆讫宣和，更七代三百年，吴人老死不见兵革，复露生养，至四十五万家。"后唐同光二年（924）表请升苏州为中吴军，领常、润等州，历任节度使，都能秉承吴越王旨意，保一方平安。谚语"天上天堂，地下苏杭""苏湖熟，天下足"，就是在这时开始流传的。可见杭州虽为吴越首府，但若论富庶繁雄，苏州则是浙右第一。

自西汉晚期建城以来，苏州城墙均为版筑土墙，至梁龙德二年（922），钱氏始于土城外包砌砖壁，高二丈四尺，厚二丈五尺，内外有濠。钱氏酷好造园，先后有南园、东圃、金谷园等，由此开启了大规模造园之风。后周显德六年（959），在虎丘山巅建云岩寺塔，为七级八面双筒结构楼阁式砖塔，历经千余年，至今仍为苏州地标性建筑。

北宋开宝八年（975），改中吴军为平江军。太平兴国三年（978），钱俶表请纳土，宋收吴越国版图。政和三年（1113），以徽宗曾节镇，苏州升平江府。

当时苏州一带的农业生产突飞猛进，杂植粟、麦、黍、豆，使南北的农业生产经验和农作物品种得以交流，农耕技术得以改进和提高；占城稻的传入，使能岁收两次；葑田的发明，大大扩大了种植面积；秧马、耘荡、水车、筒车等农具的广泛应用，提高了劳动生产力。另外，蚕桑、柑橘、甘蔗、茶叶、花木等经济作物开始出现专业生产。特别是范仲淹、叶清臣、吕居简、郏亶父子、曹霖等注重兴修水利，开港凿塘，以通江海，形成了纵横交错的水网系统，为农业丰收奠定了基础。丝绸、刺绣、金银器、酿酒、造船、烧瓷、制笺等手工业在前代基础上有更大发展。城市商业更加兴盛，市场分工日趋细化，苏城内外形成了商业中心以及专业市场。与此同时，周边的市镇开始兴起，标志着封建商品经济开始将基础建立在农副产品的发展上。

北宋苏州，社会持续安定，经济进一步繁荣，城市面貌富丽壮观。《吴郡图经续记》说："自钱俶纳土至于今元丰七年，百有七年矣。当此百年之间，井邑之富，过于唐世，郛郭填溢，楼阁相望，飞杠如虹，栉比棋布，近郊隘巷，悉甃以甓，冠盖之多，人物之盛，为东南冠，实太平盛事也。"（《城邑》）又说："若夫舟航往来，北自京国，南达海徼，衣冠之所萃聚，食货之所丛集，乃江外之一都会也。"（《物产》）

至北宋早期，城门已塞其两，后胥门水陆两门、蛇门陆门又塞。景祐初，范仲淹守郡，令开蛇门。政和间重修诸门，于废塞诸门皆刻石以识之。经建炎兵燹，淳熙重建，终宋之世，仅存阊、盘、蛇、娄、齐五门。

北宋时期，苏州城市中心向南延伸，城南出现了新的建筑群落。景祐二年（1035），范仲淹以南园地建州学。庆历五年（1045），苏舜钦买孙承祐池馆废地筑沧浪亭。宣和间，朱勔重修古普济院，并建塔，作七级八面砖木结构仿楼阁式，赐额瑞光禅寺。另外，城中天庆观（今玄妙观），占地面积不断扩大，建筑个体不断增加，进入全盛时期。雍熙间，王文罕三兄弟在罗汉院（在今定慧寺巷）建双塔，均作七级八面仿楼阁式砖塔。今桃花坞大街、西北街、东北街一线以北，除报恩寺外，出现了数个规模较大的庄园，如章园、梅园等。

第三节　建炎毁城

南宋建炎三年（1129）十月，金兵分东西两路南下。西路自蕲州、黄州渡江入江西，东路自滁州、和州渡江入江东。入江东一路金兵，由完颜宗弼亲自率领，拔城陷阵，于建炎四年（1130）正月十六日攻克明州（今浙江宁波）。由于孤军深入，战线漫长，补给困难，后方空虚，天气也即将转暖，金兵水土不服，宗弼决定北撤。据《建炎以来系年要录》卷三十一记载：二月初三日，"金人自明州引兵还临安。初，敌既破明州，遣人听命于完颜宗弼，且云：'搜山检海已毕。'宗弼曰：'如扬州例。'敌遂焚其城，惟东南角数佛寺与僻巷居民偶有存者"。金兵在北撤途中，一路烧杀掳掠。至临安府，下令洗城，纵火三昼夜，烟焰不绝。十四日撤离，"以掳掠辎重不可遵陆，乃由苏、秀取塘岸路行"。于是直扑秀州、平江而来。二十五日，"午漏未尽四刻，完颜宗弼自盘门入平江，驻兵府治。掳掠金帛子女既尽，乃纵火燔城，烟焰见百余里，火五日乃灭"。同书卷三十二说："是役也，平江士民死者近五十万人，得脱者十之二三而已。"

这是苏州历史上最残酷的一次劫难，在其他文献里也有记载。

胡舜申《己酉避乱录》记当时亲眼看见的惨状云："入平江城，市并无一屋存者，但见人家宅后林木而已。菜园中间有屋，亦止半间许，河岸倒尸则无数。出城，河中更无水可饮，以水皆浮尸。至吴江，止存屋三间，其下横尸无数。垂虹亭、横桥皆已无，止于亭下取得少水堪饮。自吴江而南，浮尸益多，有桥皆以断，其处尸最多。后问之，云：'虏骑推人过，皆死于水。'时燕子已来，无屋可巢，吾船用帆，乃衔泥作巢于帆。缘岸皆为灶圈，云虏人缘岸泊故也。所杀牛频频有之，其骨与头足并存，但并无角，必虏人取以去。"

赵鼎《建炎笔录》于建炎四年（1130）三月十二日记道："浙西人皆至，云平江失守。一使臣即周望之部曲也，言敌骑二月二十四日至城下，周望、汤东野即日引众遁去。二十五日，金人突入，更无一人拒捍者，焚烧杀戮殆尽。初，苏人恃宣司以为安，敌至欲遁，而舟船悉为军兵掳去，故无一人得脱。"

时隔未久，瘟疫流行。《宋史·五行志一》记道："绍兴元年六月，浙西大疫，平江府以北，流尸无算。"平江城内外一片萧条。

金兵是在北撤途中焚掠平江的，二月二十五日陷城，三月初一日撤离，短短几天，平江城竟毁废到如此程度。据《吴郡志》记载："建炎兵燹，所存惟觉报寺小寺及子城角天王祠"（《官宇》）；"天王堂在子城西北隅，虽一小庙，盖古屋也。建炎兵难，盈城宫室悉为煨烬，惟郡南觉报小寺以金师营幕所寓，不及毁"（《祠庙》）；"觉报寺在府东南，旧名老寿庵，王岐公家香火院也。靖康之难，此寺金人所寓，故不得焚，吴下古名屋，惟此寺耳"（《附郭寺》）。

建炎四年（1130），范成大年仅5岁，《吴郡志》所记，当是故老传闻，或据野史记叙，并非亲身经历。当时平江城内劫后所余，不止这几处。绍兴六年（1136）九月，赵鼎扈从高宗赵构驻跸平江。据《丙辰笔录》记载，当时姑苏馆、天宁寺、沧浪亭，以及府治内的提刑司、签判厅、提举茶司、检法厅等未被毁去，双塔也劫后尚存。绍熙元年（1190）僧妙思《吴郡寿宁万岁禅院之记》说："建炎罹回禄之祸，王君所遗存者，惟砖浮图相对于煨烬之中。"

由于文献缺失，建炎兵燹后，平江城内究竟尚存多少建筑，已不能知晓。就总体情况来说，这是一次空前绝后的大劫难，城垣、坊市、桥梁、官宇、寺院、宫观、祠庙、学校、园囿、民居等，几乎都被焚毁了，即使偶有孑遗，也都在断井残垣、茅封草长间，西风飒飒，一片萧瑟景象。

第四节　废墟上的重生

建炎四年（1130），平江城惨遭金兵焚掠，居民死的死，被掳的被掳，真是满目疮痍，哀鸿遍地。在这片空旷的废墟上，唯见驻军的营寨，连绵数十里。

自靖康之乱后，北方居民大举迁入秦岭、淮河以南地区，填补了因战乱而锐减的劳动力缺口，成为恢复江南社会经济的主要力量。即以平江府来说，建炎浩劫，死难三四十万人，迫胁以去的约十万人，城中十室九空，接着又发生瘟疫、饥荒，一座繁华城市成为茫茫瓦砾堆矣。但绍兴和议后，社会相对安定，人口增速很快。据1995年版《苏州市志·人口》所列《苏州历代郡州府县人口统计》，战前的崇宁元年（1102），平江府有152841户，448312人；战后54年的淳熙十一年（1184），平江府已有173042户，298405人；至战后145年的德祐元年（1275），平江府竟达329603户。

恢复经济，重建家园，需要大量人力，北方移民的进入，为重建平江城提供了有生力量。

开始全面重建平江城，约在绍兴十四年（1144），主持者是知府王㬇。王㬇字显道，华阳人，乃太师、岐国公王珪之孙，秦桧妻兄。陆友仁《吴中旧事》说，王㬇"绍兴初知府事，峻于聚敛，酷于用刑，然其规为亦有可取者。兵火之余，故墟瓦砾山积，乃录入城小舟，出必载瓦砾以培塘，人以为便。石之破碎者，积而焚之，以泥官舍，不赋于民而用有余"。采用这种办法来清除废墟、筹措石灰，大大节省了民力，但劫后所余之碑碣石刻也因此而荡然无存。

王㬇在任的三年多里，重建了姑苏馆、郡圃的齐云楼和西楼,新建了姑苏馆外的来远桥和郡圃中的双瑞堂、四照亭、颁春亭、宣韶亭等,重修了府学,重建了天庆观(即玄妙观)两廊。孙觌对王晙的作为十分欣赏,《内简尺牍》卷四《与平江守王侍郎》中的一节写道:"吴门经乱十六七年,阅十二政,比公领州,而官寺、府库、公堂、客馆始复旧观,而壮丽又过昔所有者。浙西诸郡守将,所更何啻数十百人,而残败如故,然后知功名之士千万人不一遇也。"

就从王晙起,平江军民励精图治,惨淡经营,历经近百年时间、七十余任知府,城区的重建工程基本竣工,街衢井然,河道纵横,殿宇巍峨,坊市繁华。

绍定元年(1228)十二月,李寿朋来知平江,至明年十月调任荆湖北路转运判官。他在平江仅10个月,但做了几件事:一是令校官汪泰亨等对范成大《吴郡志》做订讹补缺,并予刊印;二是镌刻《平江图》;三是创设激赏西库(在景德寺东)、激赏南库(在盘门内)、望云馆(在阊门内);四是重修盘门城楼。至于《吴郡志·坊市》汪泰亨等补注所说,城内六十五坊系"绍定二年春,郡守李寿朋并新作之,壮观视昔有加",当是奉承之语。李寿朋初来乍到,如何能在极短时间里新作六十五坊?他可能只是审核了全城的坊名,甚至下令完善各个坊门的坊额。他主持镌刻《平江图》,也不是好大喜功,将历代守臣的政绩归于自己名下,因为那年恰好距建炎毁城100年,一座宏伟壮观的城市，在废墟上重新建造起来，作为纪念而绘图立碑，也在情理之中。

《平江图》是至今发现年代最早、保存最完整的古代城市平面图，反映了平江城重建后的面貌。

《平江图》镌刻在一块巨大的磨光青石上，高279厘米、宽148厘米，因为长期砌入苏州文庙戟门的墙壁，躲过了天灾人祸，得以完好地保存下来。它以水道、桥梁、坊市为重点，所绘城内外自然地理实景和人文景观共644处，注记名称的有614处。时城内布局整齐，有6条河道纵贯南北，14条河道横越东西，总长87公里。街衢巷陌与河道并行，水陆相随，有古坊65处。桥梁星罗棋布，城内有295座，城外有19座。城内外分布寺观庵斋等110座，官廨营寨等93所，山、洲、堆等24处，河湖荡汇等18处，其他19处。图中道路用平面图例表示，建筑、山地、冢墓等用立面象形图例表示，水体绘有波纹。城内较大的建筑群，有郡治（即子城）、姑苏馆（在今胥门、盘门内）、报恩寺、能仁寺（在今接驾桥东）、崇真宫（在今接驾桥西）、至德庙、天庆观（今玄妙观）、定慧寺、万岁院、开元寺、府学、贡院（今学士街西）、府仓（在今仓米巷）、韩园沧浪亭、杨园（今凤凰街西、民治路北）等。城外则采用"缩地法"，将近郊的山川移近城郭，既有比较明确的方位，又在有限的幅面上容纳了更大的空间。

平江图（石刻） 南宋绍定二年（1229）镌

《平江图》不但是研究我国城市史、建筑史、经济史、地图史的重要资料,更是研究苏州史不可或缺的实证文献。作为平江城的全记录,至今已近900年,但苏州城内的总体格局变化不大,街巷、河道的基本构架还在,部分建筑空间依然保存,北寺塔、双塔、瑞光塔仍是城内的最高建筑。

绍定以后,平江城的大小建筑工程仍在继续之中,且以市河、女墙为例。

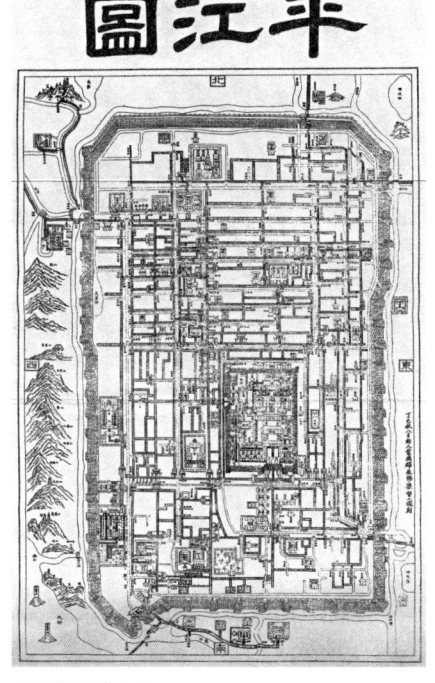

嘉定十年(1217),刺史赵彦櫄重浚市河。洪武《苏州府志·川》说:"市衢旧有运河,堙塞之后,人皆聚闬而居,开凿为难。嘉定间郡守赵彦櫄以锦帆泾终始,衡泛四出,凡开一千一百余丈,阛阓之地,楼宇高下,掩映

平江图(摹本)

可爱。"

宝祐二年（1254），刺史赵汝历仿淮郡之制，增筑女墙。女墙又称女垣，也称雉堞、埤堄，乃城墙上呈凹凸形的小墙，砌有射孔。苏州自建城以来，皆无女墙，自此以后勿替。清初环城有女墙3501垛，每垛高6尺。

顾颉刚在《苏州的文化》中也提到南宋平江的城市建设："当时苏州市政，号称天下第一，城区内外，不但河水错综，可供运输洗濯之用，而且用小石子铺砌街道，即在下雨天，亦可不致湿脚，故有'雨天可穿红绣鞋'的话。"

第三章　东南都会

第一节　蒙元时代

　　元至元十二年（1275）即南宋德祐元年十二月，伯颜率元军攻陷平江。次年改平江府为平江路，领吴、长洲、昆山、常熟、吴江、嘉定六县。元贞元年（1295），升昆山、常熟、吴江、嘉定四县为州。

　　元军初据平江，百姓惨遭荼毒。但这一情况持续未久，随着形势的平稳而进入安定局面。在经济上，元将南宋的圣节上供、经总制钱等百余种苛捐杂税一概免除，正额赋税也较南宋为轻，并沿用南宋的夏秋两税制，亩税额大致循南宋簿籍之旧。因此元代江南的生产关系和经济制度，基本上仍沿着南宋的轨道运行。在文化上，下诏搜访遗逸，置学田以赡学。延祐元年（1314）恢复科举，全国乡试额定300名，江浙行省分配43名，为全国之冠，也可见其政策的倾斜。元对于江南，政治上是空前高压，经济上是绝对倚重。

元代平江，社会相对安定，经济政策宽松，生产发展平稳。方回《姑苏驿记》说："男女异路，贞信有别，狱讼鲜少，道不拾遗，城社屏迹，巷无郑声，酤籴烹庖，物饶价平。"当时平江是东南沿海的重要口岸，海舟巨舰可取道吴淞江、青龙江，直抵城东葑门外湾。太仓刘家港因创漕运而成为对外贸易港口，号称"六国码头"。至正二年（1342）设市舶分司于太仓州城武陵桥北，专掌番货、海舶、征榷、贸易。在海外贸易中，平江出现了以朱清、张瑄为代表的一批富商巨贾，相传元末巨富沈万三亦由"通蕃"起家。

当元兵平定江南后，各地城墙悉数平毁，平江城亦然。洪武《苏州府志·城池》说："故民杂居遗堞之上，虽设五门，荡无关防。"至正十一年（1351），诏令天下缮完城郭，平江亦重建郡城，"筑垒工毕，周遭开濠，深广有加。因掘土姑苏驿下，得石镌'胥门'二字，于此又辟为胥门，凡为门六"。郑元祐《平江路新筑郡城记》说："城之高以尺计，凡二十有三，其趾三十有五，叠石三层以为固；城之面广丈六尺，皆甃以甓，大瓦作水沟；每门建成楼，以谨斥堠、严烽燧；当人马陟降处，皆列置蛾眉甬道；门内外构屋，设官居之，以察非常。城于是备矣。"此次重建，征用十余万民工，费时五月，筑成周四十五里、高三丈三尺的新城墙。

元末，天下大乱，烽烟遍地。至正十三年（1353）正月，张士诚在泰州起事，十六年（1356）二月攻占平江，颁布了一系列新政策，同时筑月城，加强防御。洪武《苏州府志·城池》说："至张士诚入据，增置月城等项。""增置"者，过去所无也。月城即瓮城，乃城门外的小城。曾公亮《武经总要·守城》说："城外瓮城，或圆或方，视地形为之，高厚与城等。"它在城市保卫战中具有重要作用。当时平江城六门，都增筑了月城。至明清时期，苏州城墙几经修葺，月城之制不易，娄门更增筑了两道月城，至今盘门仍得以保留。

至正十七年（1357），由于张士诚在与朱元璋的交战中频频失利，于是降元，并筑城防守。先后筑常熟、吴江、嘉定、昆山、太仓城，又在平望、虎丘筑城，更在太湖南滨筑城，东西长百余里，号为湖城。虎丘城是直接关系郡城的防御工事，起筑于至正十七年，周南老《至正丁酉冬督役城虎丘连月余赋诗八首录呈居中禅师》一首有"白发趋公役，驱驰上虎丘"之咏。郏经《春陪吕志学曾彦鲁刘仲原同登虎丘赋呈居中长老》亦云："虎丘山前新筑城，虎丘寺里断人行。"关于淮张在虎丘筑城的事，史载甚略，知者不多。朱彝尊《跋虎丘诗集》就说："其后志吴地者多未之及，由是虎丘筑城，吴人鲜有知之者已。予尝步山后，见遗址尚存，特未悉山南何以为界，大都鹤涧以南即城外地也。"

至正二十三年（1363），张士诚欲称王，具文呈报，未有答复，他就自称吴王，复改平江路为隆平府。史册《隆平纪事》说："士诚拓土日广，南抵绍兴，北逾徐州，达于济宁之金沟，西距汝颍濠泗，东薄海，地方二千余里，带甲数十万，户口殷盛，国用饶富。"

至正二十五年（1365），朱元璋开始全面讨伐张士诚。二十六年（1366）秋，徐达、常遇春等率大军将平江城团团围困。杨循吉《吴中故语》说："城中被困者九月，资粮尽罄，一鼠至费百钱，鼠尽，至煮履下之枯革以食。于时城中士卒登垣以守，多至亡没。士诚聚尸焚于城内，烟焰不绝，哀号恸地。"二十七年（1367）九月，平江城破，士诚尽驱其妻子眷属登齐云楼，纵火焚烧，自己则饮鸩自杀未遂，被押解应天府。士诚的死有不同说法，《隆平纪事》称其"终不食，自缢死，年四十七"。

这次平吴之战，死人无算，时人谢应芳《十月过吴门》有"无数云梯尽未收，髑髅如雪拥苏州"之咏。顾公燮《丹午笔记》说："吴中自张士诚乱后，死者枕藉，积骨如山。明太祖命聚骱于六门隙地焚之，筑为大坎瘗焉，名曰孤魂坛。三元节中，迎神祭之。"经此战事，苏州人口锐减，元至元十七年（1357）约240余万，至明洪武四年（1371）则约190余万。但对整个城市破坏较小，唯子城被张士诚纵火焚毁，除南门尚存颓垣外，其他均成一片废墟，延续荒凉了500多年，苏州人称那里为张王基、王

王废基"淮张古阡" 摄于20世纪20年代

府基或王废基。

第二节 明清的繁华

明清时期,苏州是全国最重要的经济大城,虽几经战乱,但就总体趋势而言,人口聚集迅速,官府衙署增多,商业气氛炽盛,店铺林立,市招相望,各地会馆、各业会所纷纷兴建,宅第园林的起造蔚然成风,城市建筑密度大增,土地价格上扬,苏州府城进入全面繁荣时期,一直持续到咸丰十年(1860)太平军陷城。

关于明清苏州建置,明弘治十年(1497)后,苏州府领一州七县:一州是太仓,七县是吴、长洲、昆山、常熟、嘉定、崇明、吴江。清雍正三年(1725),升太仓州为直隶州,下辖镇洋、嘉定、崇明、宝山四县。苏州府领吴、长洲、元和、常熟、昭文、昆山、新阳、吴江、震泽九县,后又增设太湖、靖湖两厅;其中吴、长洲、元和三县为附郭县,一城而有三附郭县,在全国是特例。

金阊佳丽图卷　明谢时臣绘

洪武初，因朱元璋憎恨曾经支持张士诚的江南豪族地主，故对他们进行限制和打击，徙移14万户于凤阳，使之远离故土，财势俱失。同时，中央政府对江南特别是苏州征收全国最重的税粮，苏州一府七州县，上交税粮289千余石。简而言之，苏州可耕地面积约占全国的九十九分之一，上交税粮约占全国的十分之一。因此民不堪命，逋负逃亡者甚多。

这种状况一直延续到宣德、正统年间，苏州知府况锺在江南巡抚侍郎周忱的支持下，进行了一系列改革，民生经济才稍有改观，城市面貌也发生了很大变化。王锜《寓圃杂记》卷五说："正统、天顺间，余尝入城，咸谓稍稍复旧，然犹未盛也。迨成化间，余恒三四年一入，则见其迥若异境。以至于今，愈益繁盛，闾檐辐辏，万瓦甃鳞，城隅濠股，亭馆布列，略无隙地。舆马从盖，壶觞罍盒，交驰于通衢。水巷中，光彩耀目，游山之舫，载妓之舟，鱼贯于绿波朱阁之间，丝竹讴舞与市声相杂。"成化时人

莫旦《苏州赋》也咏道："至于治雄三寝，城连万雉。列巷通衢，华区锦肆。坊市棋列，桥梁栉比。梵宫莲宇，高门甲第。货财所居，珍异所聚。歌台舞榭，春船夜市。远士巨商，他方流妓。千金一笑，万钱一箸。所谓海内繁华、江南佳丽者与。"

由于经济上的宏观调整，具有相当基础的手工业迅速发展起来，与农业一起构成了苏州国民经济的两大支柱。手工业生产和消费的发展，使苏州的城市化进程加快，城市空间由城内向城外扩大，形成了新的城市格局。

至明代中期，阊门内外的商市已全面成熟。正德《姑苏志·乡都》记有"月城市"："阊门内出城，自钓桥西、渡僧桥南分为市心，旧有阛阓坊，两京各省商贾所集之处。又有南北濠、上下塘，为市尤繁盛。"乾隆《吴县志·风俗》说："金阊市肆，绸缎与布皆列字号，而布业最巨。枫桥以西，市多米豆，南濠则川广海外之货萃焉，参苓药物亦聚于是。"就其地理布局来说，以阊门为中心，延伸出四条商市，即城外之上下塘、山塘、南濠和城内的阊门大街。

上下塘，自阊门直西至枫桥，与运河并行。郑若曾《江南经略》卷二《枫桥险要说》云："自阊门至枫桥将十里，南北二岸，居民栉比，而南岸尤盛，凡四方难得之货，靡所不有过者，烂然夺目。枫桥尤为商舶渊薮，上江诸郡及各省菽粟棉花大贸易咸聚焉，南北往来，停桡解维，俱在

枫桥 摄于20世纪20年代

于此。"晚明时，枫桥已成为江南最重要的粮食集散地，商品粮大量输入，再由枫桥转运他方。乾隆《吴县志·市镇》称枫桥市"为储积米豆贩贸之总处"。

山塘，自阊门稍西北至虎丘，水陆并行，绵延七里。自白居易修筑后，凡由郡城去虎丘都从山塘而往，或船或轿，水陆两便。及至明清，山塘上水巷逶迤，楼宇高下错落，市廛栉比，店幌招摇，人群熙攘，百业兴旺。

南濠，自阊门直南至胥门。胥门为苏城西南交通枢纽，四方百货之所聚积，商贾贩夫之所经由，人居稠密，五方杂处，故胥门内外也是一个商贾云集之区，俗有"金阊门，银胥门"之说。南濠连接阊、胥两门，市廛辐辏，百货骈

山塘　摄于 20 世纪 30 年代

阛。乾隆《吴县志·市镇》称南濠市"为储积药材、南北货贩贸之总处"。

阊门大街，又称中市大街（今西中市、东中市），自阊门内直东，经皋桥抵卧龙街（今人民路）。明清时期乃郡城最繁华处，店家林立，"陆花靴""汪益美""孙春阳""雷允上"等著名字号都设在那里。

万历初，叶权《贤博编》举"今天下大马头"十处，枫桥、南濠便占了两处，"最为商货辏集之所"。王心一《重修吴县志序》说："尝出阊市，见错锈云连，肩摩毂

盛世滋生图·阊门大街　清徐扬绘

击，枫江之舳舻衔尾，南濠之货物如山，则谓此亦江南一都会矣，而其间风俗之淳漓、人民之消长，不能问也。"清康熙时人孙嘉淦《南游记》也说："姑苏控三江、跨五湖而通海。阊门内外，居货山积，行人水流，列肆招牌，灿若云锦，语其繁华，都门不逮。"

由于苏州城西形成的经济特区格局，自胥门至阊门外迤逦而西，庐舍栉比，阛阓之望如绣锦一般，故当嘉靖时有倭寇侵扰，就在枫桥建敌楼，以保卫阊门商市。乾隆《吴县志·城市》说："枫桥敌楼在枫桥堍下，方广周十三丈有奇，高三丈六尺有奇，下垒石为基，四面甃砖，中为三层，上覆以瓦，旁置多孔，发矢石铳炮。"同时又在木渎市东、葑门外均筑敌楼,规制相同。

明代苏州手工业以丝织为主。嘉靖《吴邑志·土产》说:"绫锦纻丝,纱罗绸绢,皆出郡城机房,产兼两邑而东城为盛,比屋皆工织作,转贸四方,吴之大资也。"丝织之外,棉纺织、整染、纸张加工等传统规模产业,进入了新的发展时期。手工艺行业也在成化前后复苏,及至嘉靖、万历年间,如金银器、铜器、玉雕、木雕、刻版、漆器、灯彩、装裱、刺绣、缂丝、织锦、制扇、乐器、玩具等行业,全面蓬勃发展。因此,晚明苏州已形成了以手工业者为主体的新市民阶层。

苏州城市的经济结构和人群居住格局,在晚明时已大致形成。城西北以阊门为中心,比户贸易,牙侩辏集,且多踹染业工坊,与此紧相配套的妓院歌馆、酒楼坊肆相连。城东北则主要为机户所居,丝织业工坊密布其间。城南一带,城市空间被官署、仓储、学校、寺院等所据较多,再加上南园是一片广袤的菜圃,故街巷间民居相对较少。顾炎武《肇域志·江南八·苏州府》说:"胥、盘之内,密迩府县治,多徇役厮养,而诗书之族,聚庐错处,近阊尤多。"在苏候补官员则大多赁居城南。乾隆以后,葑门内一带,世族大家也渐渐增多。至嘉道年间,观前街一带也开始热闹起来。张紫琳《红兰逸乘·古迹》说:"观前街旧名碎锦街,有桥对观者,名碎锦桥。钱补履云,康熙年间,居民鲜少,立桥上望见张王府基,一片荒烟蔓草。今

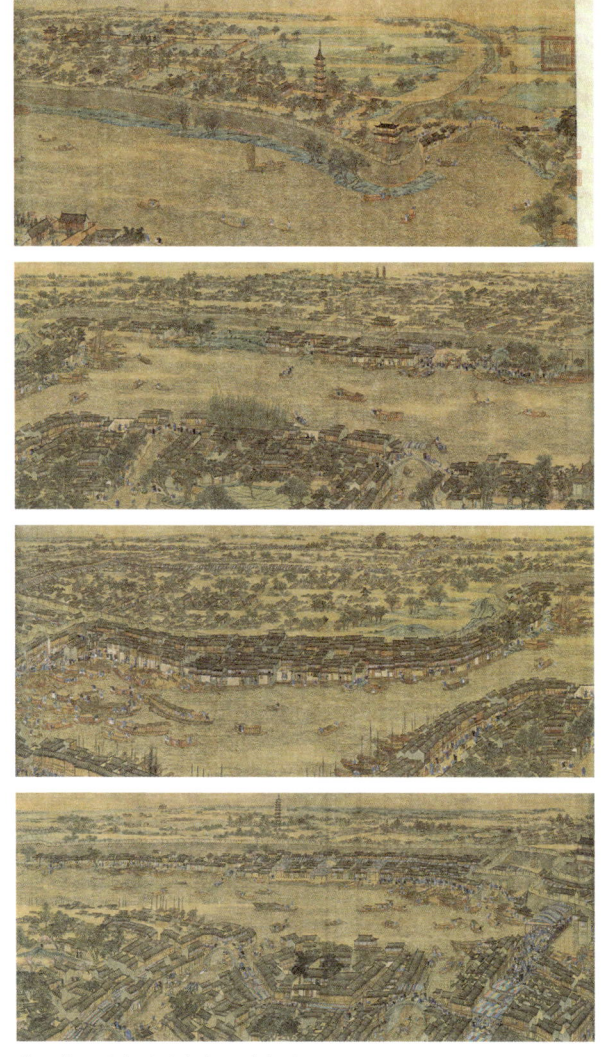

康熙南巡图卷（局部） 清宋骏业绘

则廛闬扑地、挂轊驾肩矣。"

明代中叶以后，由于苏州商品市场面向全国，甚至海外，苏城内外，客商云集。乾隆《吴县志·市镇》说："吴为东南一大都会，当四达之冲，闽商洋贾、燕齐楚秦晋百货所聚，则杂处阛阓者，半行旅也。"来自浙江、安徽、江西、福建、广东、湖南、湖北、山东、山西、河南等地的创业者、就业者辐辏一地，移民规模巨大。

工商业的繁荣发展，加速了城市人口积聚，城市规模不断扩大。康熙十三年（1674），苏州府七县一州人口约143万。嘉庆二十五年（1820），苏州府附郭吴、长洲、元和三县人口达279万，府城人口超过60万，成为仅次于北京的中国第二大城市。

明清时期，各地客商纷纷在苏州建造会馆，数量之多，建筑之巨，在其他城市是少见的。会馆之设，主要为了"萃其涣而联其情"。如乾隆四十九年（1784）《潮州会馆记》说："圣朝景运日隆，都会名区，五方士商辐辏，于是有会馆之设。迓神庥，联嘉会，襄义举，笃乡情，诚盛典也。"同时，苏州各行业的公所，也纷纷建立。各公所订有会章行规，处理协调同业事务。会馆和公所是苏州经济史的重要内容，也是研究城市布局所不能忽视的。

明清时期苏州城市建筑有几个值得注意的现象。

一是城内外水道侵占日趋严重。张国维《苏州府城内水道图说》云："隆万后，水政废弛，两崖植木甃石，渐多侵占,及投瓦砾秽积,河形大非其故。"嘉庆二年(1797)《重浚苏州城河记》说:"顾其地当都会,市廛阛阓,栉比鳞差,櫐乎隐隐。遂多叠屋营构,跨越侵逼。且烟火稠密,秽滞陈因,支流易壅。"据同年《苏郡城河三横四直图》记载,城内河道总长约57千米,至民国时期,减至约40千米。至今所见水巷逶迤、楼台相峙的景观,就是这样形成的。

二是城市建设注重消防。明清苏州为东南都会,时有火灾发生,特别是阛阓之区,一旦失火,往往连绵数百家。当时尚无专业的消防机构,火灾发生,往往由里正组织扑灭。水龙乃西洋发明,康熙初苏州人程肇泰引进仿制,加以推广。乾隆以后,每里皆置水龙,大大提高了救火效率。至晚清,善堂、公所、商会等组织的龙社,都配备水龙。另外,开辟水弄是积极的消防措施。以南濠为例,辟水弄五条,每条阔仅两三步,西自街面,东通濠上。水弄的开辟,一方面可直达河边,方便汲水;另一方面间隔了建筑距离,以防火势蔓延。

三是重视水环境保护。入清以后,染整是苏州府城的一大产业,染坊大都集中在上下塘和山塘,使河水遭到严重污染,"满河青红黑紫""各图居民无不抱愤兴嗟"。乾隆二年(1737),苏州府暨附郭三县立《奉宪勒石永禁虎丘染坊碑记》:"出示严禁,并饬将置备染作器物,迁移他处开张。"这是我国最早的河流水质保护地方法令。在整个清代,苏州染坊业长期处于保护环境和发展生产的

水巷　摄于 20 世纪 20 年代

矛盾中，就大势而言，限制染坊业发展是一项保护水环境的重要措施。

第三节　近代的变迁

咸丰十年（1860）四月，太平军进据苏州。王步青《见闻录》说："城内街道为贼之余火所延，无人扑灭，贼亦不顾。如临顿路、养育巷等处，街窄不逾半丈，市屋相对，比连数里，悉燃于火，日夜不息。日则爆烨之声盈耳，横塞浓烟；夜则照耀火光，远望如火街一道，静无人声。如是匝月，贼始踞城。"这是苏州历史上的一大浩劫，逃难者大半，死难者无算。道光十年（1830）苏州府附郭吴、长洲、元和三县有3412600余人，乱后的同治四年（1865）仅有1628000余人。府城人口锐减更厉，乱前居民不下60万。潘钟瑞《苏台麋鹿记》卷上记太平军据苏后，城中六城门分段立局，"七局送册，合计尚有八万三千余口许"。

太平军据苏期间，改筑了城墙和六门。《苏台麋鹿记》卷上说："贼酋改阊门曰大西门，胥门曰小西门，盘门曰南门，葑门曰小东门，娄门曰大东门，齐门曰北门。守御之计，将雉堞一律砌平，外加白垩，内如短垣，仅留炮口。每距数百步，搭盖芦篷一座，幂以布，似营非营（后又接连造瓦屋如长廊），中设更鼓，每夜派人打鼓坐更，昼则虚插旌旗而已。"《见闻录》说："又加造城垣，高数尺，改城皆右旋，城门皆左向。取民舍木材，环架长屋于城陴，以蔽风雨。六门周围，一色黑瓦，城影如蟠龙。"凡寺观祠庙，或拆或焚，无有存者。太平军将士所居之民宅，称之为馆，城中有馆约三千处，每馆约十至数十人不等。王府多至不可指数，以李秀成忠王府为最大，即今拙政园、苏州博物馆馆址。各王府及将领宅前多建望楼，有四五层之高，城外数十里，周遭数百里，一望了然。城中最高的瞭望处，设于弥罗宝阁和北寺塔。《见闻录》说："又于城心玄妙观后殿之弥罗阁，去其神像，建一台于屋顶。阁本三层，已见高峻，再立一台，愈见矗直。登台四望，目穷城外十余里。每有战事，贼目必登而望之，号曰望妖台。又于城内报恩寺塔，插五色旗于上，城外战时，旗即向战处指，日有人司瞭望事。又坏虎丘塔，恶其可瞰城内也。"

自太平军陷城，至同治二年（1863）清军收复，整个城市的经济格局和建筑空间，发生了很大变化，可以说是苏州由盛而衰的转折点。

同治三年（1864）起，开始陆续修复被毁坏的城墙、桥梁、寺观、祠庙、学校、仓库、街市、河道，然及至民国年间，城中仍多废墟，很多建筑从此消失，特别是寺观、祠庙，未再重建者犹多。可惜至今尚无一份太平军毁损苏州城市的评估报告。

鸦片战争后，清廷诏许官民人等信奉洋教，各地纷纷建起教堂，苏州也不例外，但大都建于同治至民国前期。主要的基督教教堂，有养育巷的使徒堂、折桂桥教堂（后移建今十梓街东首，定名圣约翰堂）、救世堂（后移建今慕家花园东口）、福音医院的崇道堂、上津桥东的救恩堂、苹花桥南的浸礼会堂、谢衙前的嘉音堂、桃花坞的天恩堂、宫巷的乐群社会堂等；主要的天主教教堂，有北街堂、杨家桥堂、大新巷堂等。教堂建筑高耸于传统民居的瓦屋垒堆之中，为古城带来了别样的景象。

光绪年间，美国基督教监理公会以天赐庄为传教基地，不但建造教堂，还开办学校和医院，先后建有中西医院、

东吴大学堂　摄于 20 世纪初

博习医院、存养书院（后改博习书院）、妇孺医院。光绪二十七年（1901）创办东吴大学堂，起造了多座具有西洋风格的大型建筑。范烟桥《茶烟歇·杏坛花雨》说："林堂古拙如故家贵邸，孙堂质朴，葛堂坚固，维格堂华适，子实堂静穆，各具特征。"以林堂、孙堂等为代表的近代西洋建筑，乃是西风东渐留下的历史痕迹，反映了开放格局下苏州城市面貌的变化。

光绪二十一年（1895），《马关条约》签订后，苏州被辟为通商口岸，苏州官方就有意识地在城南规划经济开发区，这在中国开发区历史上是值得记述的。在灭渡桥成立了苏州关监督公署和苏州税务司署，开始与各国通商贸易。在盘门外成立了苏州商务局办的苏经苏纶股份有限公司，所辖苏经丝厂于光绪二十二年（1896）建成投产，苏纶纱厂于二十三年（1897）建成投产。苏州第一家商办恒利丝厂，也于二十三年在灭渡桥建成投产。

光绪二十三年，签订《中日通商苏州日本租界章程》，在城南青旸地辟日租界，"将苏州盘门外相王庙对岸青旸地，西自商务公司界起，东至水绿泾岸边止，北自沿河十丈官路之外起，南至采莲泾岸边止"，占地483亩有奇。同年，辟通商场，也称公共租界或各国租界，签订《苏州通商场章程》，其范围西自日本租界东，东至运河岸边，占地432亩有奇。苏州府邮政总局也在灭渡桥成立，开展邮政业务，封闭的苏州古城，迅速向近代开放城市转进。

青旸地日本租界　摄于 20 世纪初

据 1912 年《江苏省实业行政报告书》，当时吴县有工厂 76 家，工人万余人，年产价额 300 万元。1914 年至 1918 年，由于第一次世界大战，苏州民族工业有所发展，先后开办了一批股份制丝织企业，如苏经纺织厂、振亚织物公司、东吴绸厂等。1927 年北伐战争后，国民政府革除厘卡制度，形成了国内统一的市场，推动了苏州民族工业的全面发展。

近代以来，苏州的商业中心有所转移，城市面貌发生很大变化。

由于太平军之乱，阊门、胥门外的商市几毁于兵燹，殃及西半城，东半城相对损失较小，这使得临顿路一带市面迅速兴起。范烟桥《吴中食谱》说："盖自临顿桥以迄过驾桥，中间菜馆无虑二十余家，荒饭店不计，茶食糖色店称是，而小菜摊若断若续，更成巨观，非过论也。"于是遂有"吃煞临顿路"的俗语。清末民初，观前街上酒楼、饭店、茶食店等增多，玄妙观内茶肆、食摊丛集，故市井又有"吃煞观前街"之说。观钦《苏州识小录·里巷》说："城内有四街，性质各异，仓街冷落无店铺，北街多受阳光，观前街食铺林立，护龙街衣肆栉比。苏人之谣曰：'饿煞仓街，晒煞北街，吃煞观前街，着煞护龙街。'"

城南一带，烟囱高耸，厂房林立，盘门外、葑门外出现了市场繁华的景象。青旸地自开辟日租界后，先后建领事署、警察署、小学、邮局、旅社、妓馆，又建公寓20余幢，筑横贯

青旸地马路　摄于20世纪初

东西大道，又筑南北向小路，纵横道路遍植樱花，那里就开始慢慢热闹起来。自沪宁铁路通车后，阊门再现繁荣，青旸地一带市面渐渐消歇。及至民国，当年所植樱花树已年年开花，每当花时，烂漫如轻云，游人纷至沓来。

光绪二十九年（1903），沪宁铁路尚在建设之中，阊门外已开始大兴土木，修筑了一条从车站经由阊门、胥门、盘门外的大马路。至三十一年（1905）沪宁铁路苏州段通车，阊门外一带凭借水路、陆路、铁路之便，旅客争相趋之，市面日盛一日，首开苏州新式旅社历史。至民国初年，阊门外有三新旅社、中华旅社、利昌旅社、惠中旅馆、新江旅社、苏州饭店、苏州第一旅社、苏台旅社、新苏台旅社、铁路旅社、惟盈旅馆等。酒楼饭店更是鳞次栉比，民国时期的著名店家，有义昌福（西号）、大庆楼、新太和、久华楼、宴月楼、同新楼、嵩华楼、功德林、一品香等。

植园的建造，介乎清末民初，其坐落府学以西，今新市路以北、东大街之东，本是一片旷地，且多荒坟。光绪末年巡抚陈启泰命知府何刚德承办营造事宜，占地214亩，缭以园墙，植树2万余株，松、柏、椿、杉及罗汉松皆夹道分行，梅、桃、李则划地分栽，其他则以桑为多。宣统二年（1910），程德潜来任巡抚，更为扩大，分园林区、农田区，并建农品陈列所，点缀微波榭、莲西舫、旱船等。植园是苏州第一个公共园林，在城市建设史上也有重要意义。民国初年，植园仍花木掩映，裙屐往来，但持续未久，

阊门外大马路　摄于20世纪20年代

植园　摄于20世纪20年代

就逐渐荒凉了。

　　1927年，苏州市政筹办处成立，即制定了《苏州工务计划设想》，这是近代苏州第一份完整的城市发展规划。规划将苏州分为三大区域，分三期实施。第一期工程是整理旧城区街道、河道、建筑物，建造公园、菜市场、公厕等设施；第二期工程是建设新市区，沿古城西北向城外陆墓、虎丘、寒山寺和沿运河至横塘做半圆形扩展，以阊门、新阊门为中心，布置放射式街道；第三期工程是以古城区及新市区为核心，以波纹状向外建设护展区。作为现代城市的远景规划，这个设想是宏大的，即以公共园林为例，就计划建造湖田公园、澹台公园、太湖国立公园、虎丘自然公园等。但由于抗战爆发，第一期工程尚未完全竣事，这个规划就付诸纷飞的战火了。

由于政府做了较大投入，主事者也殚思竭虑，自1928年起的不满10年时间里，苏州城市面貌发生了很大变化。

第一期工程的整理旧城区街道，主要围绕观前街商业区、阊门外商业区以及城里与火车站的交通进行。自沪宁铁路苏州段通车后，苏州的对外交通能力大大提升，比起航船、小火轮，火车正代表着时代的速度。但火车站在北城外，商旅往来必须绕道阊门或齐门。1924年新辟平门，1928年建成由北寺塔经平门往火车站的平门大街，1929年梅村桥落成，这样由三元坊至火车站的南北干线就贯通了。由于阊门外是重要商业区，并且由城里去虎丘、西园寺、寒山寺等游览胜地也以阊门为捷径，故阊门城门一带十分拥挤，时有交通事故发生，另辟一门成为当务之急。1928年开辟了新阊门，但由于位置不当，城门过窄，遂于其北60米处重辟一门，1931年元旦落成，并改称金门。当年就在金门外临时架设木桥，1934年改建为钢筋水泥桥，这也就是至今尚存的南新桥。在开辟新阊门之前，已将郡庙前、朱明寺前、景德寺前、申衙前、黄鹂坊弄先后拓宽，合并称为景德路，成为连接市中心和阊门外的主要干道。

1931年，观前街拓宽工程竣工，成为苏州最有气派的大街。街面用花岗石铺砌，两旁店肆缩进后，大都改建楼房。据1932年统计，街上有各种店肆217家，另有银行17家，不但商业更其繁荣，也成为苏州的金融中心。观前街虽然拓宽了，但因商业繁荣，人来人往，似乎也不见其宽。王世勋《沧桑忆旧录》说："那条街是东西行，在玄妙观前，长约一里许，两旁都是商店，没有一家住家，这是城乡的购物中心。有专卖布匹绸缎的匹头店好几家，最大的好像是乾泰祥。卖南货的，有生春阳、大东阳等几家。卖糖食蜜饯的，有稻香村，以玫瑰梅子、熏鱼及糕饼最最出名；采芝斋则以玫瑰水炒瓜子、松子糖等为号召；叶受和以糕饼为招牌，如大方糕、小方糕、黄松糕等，远近驰名。此外，如陆稿荐的酱肉、酱鸭，黄天源的团子及甜点、红糖山芋、红糖芋艿等。点心面馆则有玄妙观山门旁的观正兴，它的焖肉面、爆鱼面、汤包、烧卖、大肉包子等，均脍炙人口；松鹤楼的面点，也同样受人欢迎，每于夏季的卤鸭面，是它的招牌面，因至夏季，鸭正肥嫩，甚是好吃；广南居则卖广东茶点，也卖宵夜火锅。又茶馆多处，以吴苑深处（简称吴苑）为巨擘，大部分为教员、学生、商人聚集之所。书店则有小说林，是我常去买连环画及儿童故事书的地方。药房也有好几家，以五洲大药房为最大。金子店以恒孚，钟表眼镜以亨利达著称。总之，观前大街，林林总总，日常必需品都有，百货俱全，要买什么东西，跑一趟观前街就好了。"

拓宽前的观前街　摄于20世纪20年代

拓宽前的观前街 摄于20世纪20年代

北局也开始热闹起来。1929年,东吴乾坤大戏院落成,不但演戏,也放电影,即今开明大戏院,有1330座,规模宏大,设施先进,直到20世纪80年代仍是苏州最大的剧场。1934年,苏州国货公司落成,通高两层,局部三层,最高五层,为当时苏州最大的商厦,沦陷后为日商大丸洋行占有,1939年改苏州百货公司,即今苏州人民商场。北局小公园建于1931年,铺草地,植花木,围以短垣,园中央立林则徐禁烟纪念亭,新葺台榭,尚见风雅,老树数株,犹可乘凉。那是在新式建筑环绕下的一方绿地,如今已无遗迹可寻了。

拓宽后的观前街　摄于20世纪30年代

在当时实施的城市规划建设中，还新建、拓宽、改造了卧龙街、五卅路、民治路、锦帆路、临顿路、西中市、东中市、大马路、石路、留园马路等主要街道；新建、改建了各城门外的跨河桥梁。公共厕所也在街头巷尾建造起来。道路虽然拓宽了，但苏州城里的交通工具，还是马车、藤轿、驴子、人力车和自行车。城内通行公共汽车，要迟至1938年，以火车站为起点，途经阊门、金门、景德路、察院场、北寺塔、平门，仍回到火车站。

城中王废基荒圮了550多年，进入民国后，开始有所建造。1918年，吴县公共体育场在王废基西北隅落成，乃利用旧左营操场改建，设有250米跑道6条，足球场、排球场各1个，篮球场2个，乒乓室1间，另设有滑梯、秋千等运动器械。1925年，江阴旅沪巨商奚萼铭捐资5万银圆，在王废基东北隅建造公园，拆墓迁坟，植树4000余株，建造了一座城堡式的图书馆，高两层，四面钟楼，并建东斋、西亭，辟月亮池，池边修廊，紫藤翳密，被市民誉为城中唯一清静地。1927年正式成立苏州公园筹备委员会，先后建造了电影院、水禽馆、音乐亭、喷水池，在池上架设三曲栏桥，在山上建四面厅民德亭，立萧特义士纪念碑，并于北部开凿池塘，植荷养鱼，栽枫树200余株。

抗战爆发前，苏州是一个经济发展迅速、文化繁荣、生活舒适并充满了风物人情之美的城市。那是一个新旧交替的时代，固有的城市风貌和文化精神依旧具有醉人的魅

苏州公园 摄于20世纪30年代

力,而现代生活内容的进入,给人以安静、舒适、方便、丰富的生活感受。就像是人家花木扶疏的后园,可以暂避尘嚣,可以领略静美;也可以拍曲听歌,一醉于歌台舞榭间的丽影。

1937年"八一三"以后,日军开始空袭苏州,因阊门外有兵营,并且邻近火车站,尤为轰炸的重点。10月以后,日军改用意大利重型轰炸机进行连续轰炸,阊门外黑烟冲天,大火熊熊,清末以来苏州最繁华绮丽的商市,又几成废墟。苏州公园内图书馆、萧特义士纪念碑等也被炸毁。据不完全统计,这次苏州劫难,毁屋4739间,死

3738人，财产损失910万元，十之八九的居民逃离城区。

由于汪精卫集团的伪江苏省政府设于苏州，苏州成为江苏的政治中心，人口畸形骤增，商业畸形发展。许家元《劫后之苏州》说："今则街市两旁，店肆如云，新建房屋比比皆是，自晨至暮，行人不绝于途。景德路、观前街、临顿路等处，汽车相接，风驰电掣，商店玻橱布置美观，五光十色，绚烂夺目。北局一隅，新苏、皇后等旅社，新亚、味雅等菜馆，咸设于斯，酒绿灯红，辉煌金碧，妓馆歌场，亦荟萃于此。苏垣妓馆，向称发达，阊门外鸭黛桥畔，钗光鬓影，燕瘦环肥，吴侬软语，更不知颠倒几许众生。但自1928年一度禁娼后，妓业生涯致一落千丈，曩昔歌舞楼台，遂门前冷落车马稀矣。事变而后，大有中兴气象，阊门城外及城内北局妓馆林立，每当华灯初上，粉黛如云，缠头一掷千金者亦大有人在。初不料事变后，艰难困苦之际，竟有如此景象也。此虽有增加市容之繁盛，然沉湎醉溺者，当亦在所难免，恐得不能偿失也。戏院鼓钹齐鸣，尤令人不忍遽离，评话场中，诙谐百出，坐客常满。黄色大厦，为新创之百货公司，职员大多妙龄女子，生涯鼎盛。玄妙观中，香客吃客游客，摩肩接踵，杂耍卜相，途为之塞。吴苑深处，可以畅叙幽情；群芳会唱，更能静聆妙曲。东西中市，则成文化之街，江南日报社、苏州新报社均设于此。护龙街南，仍为古玩市场，珍奇古玩，琳琅满目。东方既白，渐见机关职员、学校校员、工厂商工、菜市妇女，咸熙熙攘攘，往来于道。市容之盛，进展之速，为始料所不及。"

苏州的遗老耆宿对现代文化的冲击，持比较开明的态度，一方面容纳新生事物的存在和蔓延，另一方面对苏州传统文化做保护和传承的努力，如举行"吴中文献展览会"，辑行《吴中文献小丛书》，组织昆剧传习所、吴中保墓会等。即以城墙为例，进入民国后，城墙开始坍塌和毁坏，在士绅的呼吁下，当局多次进行修复。1925年，修复金门两侧坍塌城墙；1927年，修复骆驼桥至娄门婴儿坟、盘门炮台至胥门鼓楼、升平桥至南童梓门各段坍塌城墙；1940年，修复平门至金门、金门至胥门段城墙七处；1944年，修复齐门附近城墙；1947年，修复四摆渡、相门附近城墙及盘门至葑门段城墙。由此可见，即使当新观念、新事物一天天在推移着旧有一切的时候，苏州士绅的古城保护意识也未曾淡化。

第四章　吴郡城郭

第一节　大城和小城

今苏州城的设计和建造，正值王莽时代，这是在复古主义营造思想观照下的一座礼制性大城。即外有大城，又称罗城、外城；内有小城，又称子城、里城。

自建城以来，大城因受四周水道限制，周长变化不大，陆广微《吴地记》称"周回四十二里三十步""其城南北长十二里，东西九里"；明曹自守《吴县城图说》称"苏城衡五里，纵七里，周环则四十有五里"；民国《吴县志·舆地考·城池》称"今城周四十五里，长五千六百五丈"。城墙的高度和宽度，各个时期不同：唐末高二丈三尺，清末高二丈八尺；唐末基宽三丈五尺，清末上宽一丈八尺。

就苏州城墙史的大略来说，始建为版筑土城，历两晋迄晚唐，修葺无考。乾符二年（875），城毁于王郢之乱，刺史张抟重建，时有八门。后梁龙德二年（922），钱氏始甃以砖。宋初存六门，后胥门废，蛇门陆门塞。景祐初，知州范仲淹重开蛇门。政和中复修治之，故门废塞者皆刻石志之。宣和五年（1123）又诏重甃。建炎兵燹遭毁，未久重建，至淳熙中完工。开禧间陨圮殆半，嘉定十六年（1223），知府赵汝述、沈皞相继修治，时称"一路城池之最"。宝祐二年（1254），知府赵汝历增置女墙，重建阊门城楼，补建蛇、娄、齐三门城楼。景定末，风坏娄、齐两门楼，咸淳初重建。元定江南，凡城池悉数夷堙。至正十一年（1351）诏天下缮完城郭，于是筑垒开濠，倍加深广，并重辟胥门。至张士诚入据，增置月城。明初平吴，更加修筑，高广坚致，各门上皆有楼，周循雉堞，每十步为铺舍，内外夹以长濠，广至数丈，门外均有吊桥，以通出入。清顺治初，巡按御史秦世桢修葺各门城楼。康熙元年（1662），巡抚韩世琦改筑城垣，拓女墙，门仍旧制为六，蛇、娄、齐、阊、盘各有水陆门，唯胥无水门；每门有楼，建官厅、军器库，凡窝铺一百五十七，敌台五十七，雉堞三千五十一，门有守门官公馆及营房。在各城楼悬匾，由顾嗣立题额：阊曰"气通阊阖"，胥曰"姑胥拥翠"，盘曰"龙蟠水陆"，蛇曰"溪流清映"，娄曰"江海扬华"，齐曰"臣心拱北"。太平军陷城后，六门俱经改筑。清军克复苏城，次第修复，唯阊门月城未复旧制。进入民国，城墙不断坍塌，虽时加修复，但不及坍塌之频仍，又先后辟平门、金门、新胥门，旧城规制渐失。时至今日，苏州环城还保留着部分断垣残堞，遗意尚在。

建城以后，城门亦循地名随迁之例，门名均一字。宫梦仁《读书纪数略》卷十四说："春秋诸国，门皆一字，今惟吴中如旧。"《吴越春秋·阖闾内传》称建城时有"陆门八""水门八"，但所记仅阊、蛇、望齐三门。《越绝书·外传记·吴地传》记有阊、胥、蛇、匠、娄、齐、平、巫八门，后人考证，平与巫是一门，则不满八数，另记有"近门""地门""楚门"。所记诸门，与后世地理都不能一一对应，这正是地名随迁过程中留下的痕迹。至唐宋时期，苏州八门才一一落实，但仍有错出。《吴郡志·城郭》说："东面娄、匠二门，西面阊、胥二门，南面盘、蛇二门，北面齐、平二门。唐时八门悉启，刘梦得诗云'二八城门开道路'，许浑诗云'共醉八门回画舸'。今惟启五门。八门，《吴地记》所纪而不载葑门，《续经》载葑门而谓平门一名巫门，与赤门二门皆不在八门之数，盖考之于今者如此。"

自唐宋以后，至民国之前，苏州城门凡十，简要介绍如下。

阊门，在城西偏北，又名阊阖门，乃天门之意，以其位置西北，可通阊阖风，一度改破楚门。西晋时有重楼复阁，凌跨清波。唐人咏者甚多，且有李阳冰篆额。明清间屡屡重修。太平军据苏时改筑，拆去月城，后未恢复。1934 年，拆除阊门旧构，重建罗马式城门，20 世纪 50 年

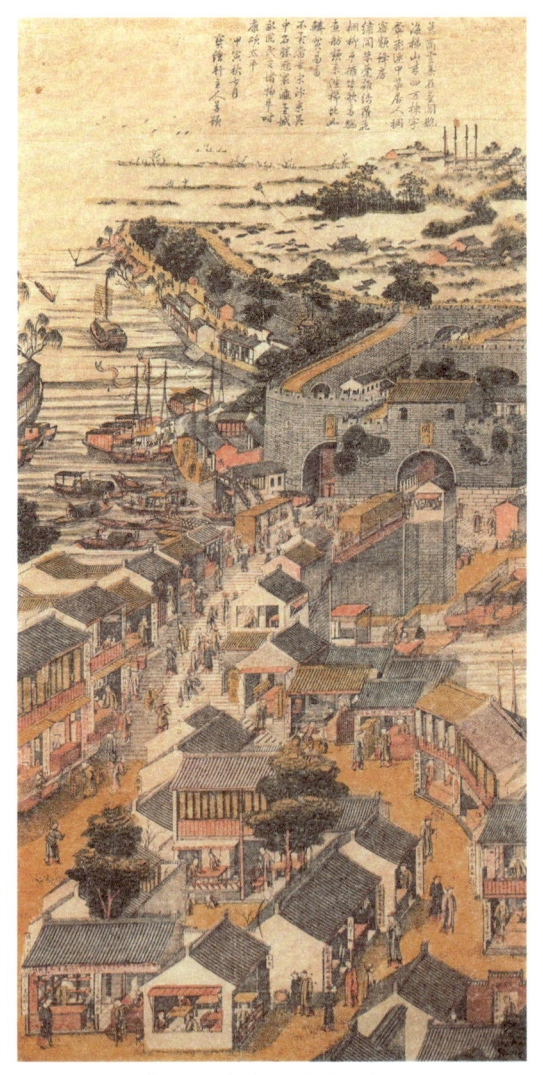

姑苏阊门图　雍正十二年（1734）木版年画

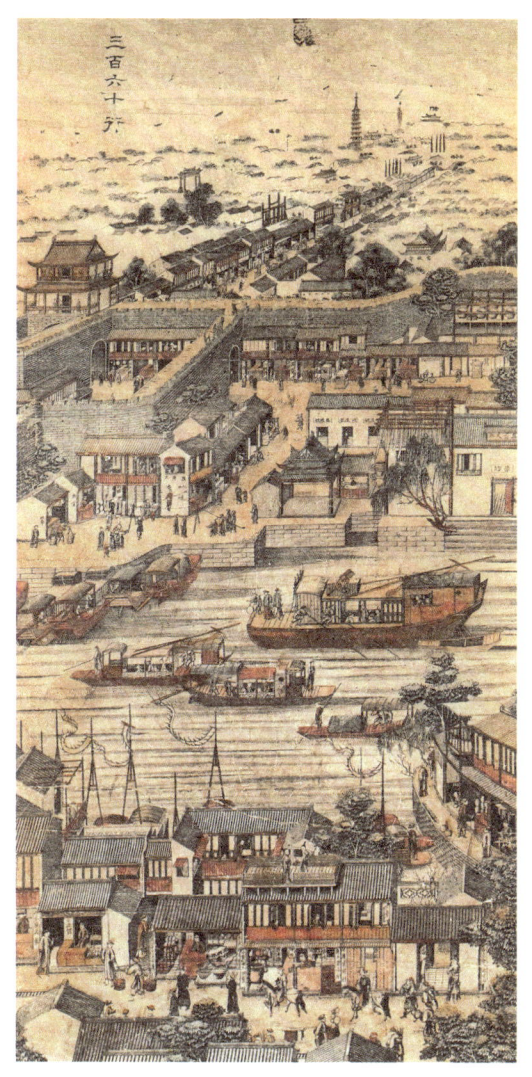

姑苏阊门图 雍正十二年（1734）木版年画

代拆除。

胥门,在城西偏南,《越绝书·外传记·吴地传》称"姑胥门",其名由胥山而来。张紫琳《红兰逸乘·古迹》说:"盖胥者,舜臣名,佐禹治水有功,封于吴者也(太湖中有胥王庙),故名其地曰故胥,后世转音为姑苏。而胥门之见于《左氏春秋》,非因伍子胥得名也。"胥门是地名随迁的典型,其本在木渎吴大城之西,因近胥山而得名。宋初胥门已淤塞,元至正十一年(1351)重辟,然无水门,由此而及清末。1938年另辟新胥门,对直万年桥,原门封堵。1958年,新胥门被拆除。近年整理胥门一带景观,古胥门从民居垒堆中重现。

盘门,在城南偏西,古作蟠门。《吴地记》说:"尝刻木作龙镇此,以厌越;又云水陆相半,沿洄屈曲,故名盘门。又云,吴大帝蟠龙,故名。"唐代八门,盘门在焉。洪武《苏州府志·城池》引《续志》:"旧楼吴说题额,视宝祐新作诸门最为宏壮。宝庆三年秋大风雨,楼门俱坏。绍定二年冬,李寿朋新作,规制尤伟。"元至正十一年重建,楼作两层重檐歇山式,时称五楼门。盘门至今巍然屹立,乃全国保存最完好的水陆并峙古城门,2006年被列为全国重点文物保护单位。

赤门,在城正南,古以赤为南方。《吴郡志·城郭》引胡舜申《吴门忠告》:"赤门以在城正南至阳之地。"一说废于唐,一说废于宋初,然门名犹传。正德《姑苏志·城

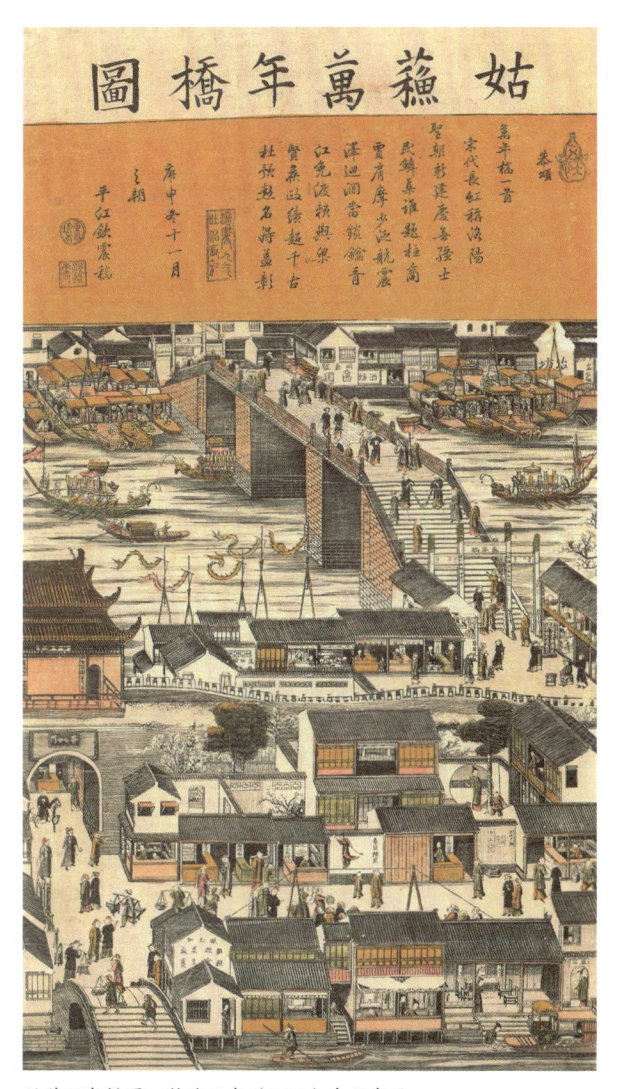

姑苏万年桥图　乾隆五年（1740）木版年画

盘门　摄于1936年

池》说："赤门，以南面属火方，故名。今南城下有大沟，外濠之水从此入祝桥，以出燕家桥，即赤门水道也。祥符《图经》云，赤门外有澹台湖。今盘、葑二门间有赤门湾。"一般认为，赤门湾是指灭渡桥北的一片水域。

蛇门，在城南偏东。古时术数家以十二生肖与十二地支相配属，蛇为巳，方位相当于东南。《吴越春秋·阖闾内传》称阖闾"欲东并大越，越在东南，故立蛇门以制敌国。吴在辰，其位龙也，故小城南门上反羽为两鲵鱎，以象龙角。越在巳地，其位蛇也，故南大门上有木蛇，北向首内，示越属于吴"。《吴地记》说："蛇门南面，有陆无水。"《吴郡图经续记》尚记其名，未久堙塞。近年在其址建敌楼，与胡舜申《吴门忠告》所说的"蛇门直南，正对吴江运河"相合。

匠门，在城东偏南，门名来历颇复杂。张守节《史记正义·伍子胥列传》说："东门，鱄门，谓鳟门也，今名匠门。鱄音普姑反，鳟音覆浮反。越军开示浦，子胥涛荡罗城，开此门，有鱄鳟随涛入，故以名门。"《吴郡图经续记·门名》则记作"封门"，"方言谓封曰匠，匠者，荄土撆结，可以种植者也"。"封"与"匠"通，匠即茭白，晚近匠门外仍有茭白荡的地名。吴人不读"匠"为"fēng"，而读"fǔ"或"fù"。《说郛》本《中吴纪闻》称"匠门谓之府门"，《吴郡志·城郭》称"今俗或讹呼富门"，洪武《苏州府志·城池》称"吴音又讹为傅"。宋初匠门

匠门 摄于1926年

陆门已堙塞，范仲淹守郡时重辟，城外遂成市廛辐辏之地，人来客往，负贩贸易，对苏州东南的城乡交流和市镇兴起，起了重要作用。1936年，城楼被拆除。20世纪50年代拆除城门和月城，1978年拆除水门。

匠门，在城正东，古称干将门，今称相门。《吴地记》说："匠门又名干将门，东南水陆二路，今陆路废，出海道，通大莱，沿松江，下沪渎，阖闾使干将于此铸剑。"洪武《苏州府志·城池》说："门南有封门、赤门，门东南又有鳟鲚门，皆非八门之数。今外濠葑娄之间犹有匠门塘，其旁有欧冶庙、干将墓。或云将门，声之讹也。"相传匠门在隋时已塞。1933年重辟，20世纪50年代拆除。

娄门，在城东偏北，古称䏚门。《吴郡图经续记·门名》说："其东曰娄门者，娄县名也，盖因其所道也。秦

娄门　摄于20世纪初

谓之嘹（音留），汉谓之娄，今之昆山，其地一也。"娄门之名，因其正遥对娄县。娄门陆门分外、中、内三重，水门也是三道，具金汤之固。内城有楼，南宋景定末年被飓风所毁，咸淳初年修复。20世纪40年代后期拆除外城、中城及内城城楼，1958年拆除内城陆门和三道水门。

齐门，在城北偏东，古称望齐门。《吴地记》说："齐门北通毗陵，昔齐景公女聘吴太子终累，阖闾长子、夫差兄也。齐女丧夫，每思家国，因号齐门。"齐门有城门三道，内城门西侧有水门，门上建楼两层，俗称鼓楼。1958

齐门水门　摄于20世纪50年代

年拆除城楼、城门，1978年拆除水门。

平门，在城北偏西，桃花坞直北，即巫门。《吴地记》说："平门北面，有水陆通毗陵，子胥平齐，大军从此门出，故号平门。"子胥平齐之事，于史无证。因相传门外有巫咸墓，当为巫门，因"平"与"巫"笔画相近致误。高德基《平江记事》说："吴城平门，旧名巫门，至大庚戌古濠中得石匾，上有篆书'巫门'二字。"平门在宋初已堙塞，1924年于故址之东重辟，1958年拆除。

近年新建的阊门、相门、娄门、平门，既非故处，亦非旧制，纯属纪念性建筑。

子城坐落大城中央，稍偏东南，自落成至元末，向为

平门　摄于20世纪30年代

苏州地方官署所在。唐为苏州州治，宋为中吴军节度使署、苏州府治、平江府治，元为浙西军民宣抚司、平江路总管府、浙西道提刑按察司，张士诚据苏为太尉府。

据《平江图》标识，子城的范围，东至今公园路竹堂寺遗址东，南至今十梓街，北至今言桥下塘，西至今锦帆路。有两门，一在南，一在西。南门外有平桥，与今平桥直街相接；西门外有金母桥，与通关坊相接。子城的四至，直到元末未变。洪武《苏州府志·城池》说："子城，周回一十二里，高二丈五尺五寸，厚二丈三尺。今谯楼西小石桥，是子城泄水沟，石上所刻隶书云'唐乾符二年七月十四日建'，并勾当料匠等姓名。"

子城有外濠，与大城内濠，都被称为锦帆泾。据《平江图》标识，小城外濠并不周环子城。南濠即第三横河；北濠即第二横河（今已改道）；西濠北起竹榻桥，南至夏侯桥，北与第二横河相接，南与第三横河相接；东濠在竹堂寺东，北起子城后桥，与第二横河相接，南至蒋家桥折东（约今民治路）。至元末，因子城焚毁，外濠逐渐堙塞。东濠一段，乾隆《姑苏城图》已标识为路，唯路已在竹堂寺西，即今公园路。子城的西濠，1931年筑路，即今锦帆路。

唐宋时期，苏州为全国重要州府，郡治建筑亦与之相称。《吴郡图经续记·州宅下》说："今之子城门，古之所谓皋门也；今之戟门，古之所谓应门也；今之便厅门，古之所谓路门也；今之大厅，古之外朝也；今之宅堂，古之路寝也。苏为东南大州,地望优重,府廷有此称。"建炎兵燹后,子城夷毁殆尽。绍兴起陆续重建,未能悉如旧观。按《平江图》标识,当时平江府治大门面南,中轴线偏东。大门外,东有吴会坊,西有积善坊。吴会坊内有宣诏亭,积善坊内有颁春亭,亭之侧又有两井亭。中轴线上依次是门楼、戟门、设厅、小堂、宅堂。门楼悬"平江府"额,戟门悬"平江军"额。宅堂左右是东斋、西斋。北过大池,对直齐云楼。东南隅有府院、司户厅、提干厅、公使库、酒库、平易堂等。西南隅有提干厅、司理院、府判东厅、府判西厅、节推厅、签判厅、南省马院、北省马院、使马院、路分厅、路钤衙、西施洞、城隍庙等。西北隅有西楼、观德堂、教场、作院、天王堂、瞻仪堂、逍遥阁。东北隅有四照亭、秀野亭、坐啸斋等。绍定以后,又陆续有所兴建。刘敦桢主编《中国古代建筑史》第六章说:"这个规模宏大的地方官署,基本上保存唐朝原来的布局而加以若干修改。其中四合院式的院落布局方式和后部厅堂采用三堂相重而贯以穿廊(又称主廊)成为'王'字平面,对于后代王府衙署等产生了深远的影响;而宋元通行的工字殿也可以说导源于唐朝衙署的厅堂。"

这里着重介绍一下郡圃。

郡圃在子城北部,厅斋堂宇,亭榭楼馆,密迩相望。正德《姑苏志·官署中》介绍说:"前临池光亭、大池,后抵齐云楼城下,甚广袤。按唐有西园,旧木兰堂基正在郡圃之西，其前隙地，南宋为教场，俗呼后教场，疑即古西园之地。郡治旧有齐云、初阳及东、西四楼，木兰堂东、西二亭，北轩、东斋等处。建炎兵燹后，惟齐云、西楼、东斋为旧制，余皆补造。端平初，张嗣古改郡圃名同乐园。嘉定十三年，綦奎新浚府宅后方池，环以土山，辇西斋之石益而为之，立四小亭于上，曰棱玉、苍霭、烟岫、清漪，皆取昔贤郡中赋咏而名。"因唐宋元三代逾700年，郡圃景观变化繁复，其中唐人咏唱的，有北池、木兰堂、初阳楼、东楼等。北宋元丰时被记录的，有山阴堂、瞰野亭、见山阁、按武堂、射堂、介轩、月台等。南宋绍兴后，又建双瑞堂、平易堂、思政堂、思贤堂、瞻仪堂、四照亭、凝香堂、逍遥阁、坐啸斋、秀野亭、观德堂、扶春、池光亭等。

齐云楼和西楼不在郡圃内，然而是郡圃的重要借景，也是子城内最有影响的建筑。

齐云楼，在北城之上，对直子城中轴线，古称月华楼，白居易始改其名。《吴中好风景》有"改号齐云楼，重开武丘路"之咏。北宋治平中，裴煜建为飞云阁，政和五年（1115）重修。建炎兵燹毁，绍兴十四年（1144）重建，《吴郡志·官宇》称其楼"两挟循城，为屋数间，有二小楼翼之。轮奂雄特，不惟甲于二浙，虽蜀之西楼、鄂之南楼、岳阳楼、庾楼，皆在下风。父老谓兵火之后，官寺草创，惟此楼胜承平时"。至正二十七年（1367），张士诚纵火焚毁，谢应芳《淮夷篇》有"一炬齐云楼，妻子随烟灭"之咏。

西楼，在子城西门上，门外为市场，故又称望市楼、观风楼。白居易《西楼喜雪命宴》有云："散面遮槐市，堆花压柳桥。"元稹《戏赠乐天复言》有云："弄涛船更曾观否，望市楼还有会无。"绍兴十五年（1145）重建。正德《姑苏志·官署中》说："下临市桥，曰金母桥，亦取西向之义。淳祐中，魏峻大修之，取白公诗表其下，曰'柳桥槐市'，且自赋诗，又拨钱桩添倅厅，以俟异日修葺之助。及黄万石改作，如临安丰乐之制。"此楼毁于元末。

及张士诚败，整个子城夷圮略尽。明初独存南门一带颓垣，上置官鼓司更，覆以小舍，列十二辰牌，按时易之，郡人呼之为鼓楼。至嘉靖中，巡按御史邱道隆毁之。清乾嘉时，吴翌凤《东斋脞语》记下了荒芜的子城景象："今自乘鱼桥以南，至金母桥而东，高冈迤逦，是其遗址。东有鼓楼坊，即内城之钟鼓楼也。城四面旧有水道，所谓锦帆泾者，今皆淤塞，惟东尚存故迹，称为濠股，俗复讹为河骨。今吴人罕知有子城者矣。"

第二节　都市里的田野

明清时期，在繁华富丽的苏州城内，居然有好几片广袤的田野，如城中的王废基、城南的南园、城北的北园、城东的天赐庄等，都是历史沧桑的遗存，留下了这个城市的故事。

　　王废基，即子城遗址，张士诚败后纵火焚烧，遂成荒烟蔓草、断垣颓屋之区。洪武初，苏州有军政两大衙署，府治在元都水庸田使司署旧址，即今道前街（旧称府前街）会议中心址；卫指挥使司在府治之东，即今道前街（旧称卫前街）市立医院址。洪武七年（1374），魏观连任苏州知府，嫌府治湫隘局促，决定将府治迁建到王废基去，并疏浚已淤塞的锦帆泾。一方面，因为那里是唐宋元历朝政府的所在地，疏浚锦帆泾也可改善城里的水上交通。另一方面，从青鸟之术来说，卫东府西，府在卫下，这一格局可借此改变；疏浚锦帆泾也可使苏州的生气更畅通。苏州

王废基　摄于20世纪20年代

卫指挥使蔡本也相信风水，担心的就是府东卫西，府在卫上。他就以魏观"复宫开泾，心有异图"的罪名密疏朝廷，太祖查证得实，魏观被处腰斩，写上梁文的高启也被处腰斩，王彝则因疏浚锦帆泾时拾得一方砚台，喜而作铭，被处斩首。从此以后，没人再敢在那里有所营造。杨循吉《吴中故语》说："伪吴故基，独为耕牧之场，虽小民之家，无敢筑室其上者，惟宫门巍然尚存，蒿艾满目，一望平原而已。"

正因为这个原因，直至清末，王废基就如乡野一般。沈复《浮生六记·闺房记乐》记某年盛夏去那里赁屋消暑，"有老妪居金母桥之东，埂巷之北。绕屋皆菜圃，编篱为门。门外有池约亩许，花光树影，错杂篱边。其地即元末张士诚王府废基也。屋西数武，瓦砾堆成土山，登其巅可远眺，地旷人静，颇饶幽趣"，"时方七月，绿树阴浓，水面风来，蝉鸣聒耳，邻老又为制鱼竿，与芸垂钓于柳荫深处。日落时，登土山观晚霞夕照，随意联吟，有'兽云吞落日，弓月弹流星'之句。少焉月印池中，虫声四起，设竹榻于篱下。老妪报酒温饭熟，遂就月光对酌，微醺而饭。浴罢则凉鞋蕉扇，或坐或卧，听邻老谈因果报应事。三鼓归卧，周体清凉，几不知身居城市矣"。

在光绪六年（1880）的《苏州城图》上，王废基除偏南部有小巷外，其他地方均为菜地、坟地、高墩。那里野菜遍生，妇孺携篮来采，或供中馈，或叫卖于街巷。宣统末年，叶圣陶在草桥中学读书，放学后常去王废基玩。他在日记里不时提及，或"漫天阴霾，老树含烟，弥望苍茫，吟蛰声出墓侧，尤倍觉可怜也"；或"几池蛙鸣，自成佳奏，漫天云影，恍睹奇峰；笳声动而转静，花气幽以弥香，盖入绝妙诗景矣"。清末民初，王废基曾是刑场，经历了从斩首到枪毙的过渡。

在一个繁华城市的中心，竟然有这样的地方，真是难以想象。

南园，本是钱镠在唐末始建的园墅，其第四子元璙又做了扩建。《吴郡图经续记·南园》说："南园之兴，自

南园 摄于20世纪50年代

广陵王元璙帅中吴，好治林圃。于是酾流以为沼，积土以为山，岛屿峰峦，出于巧思，求致异木，名品甚多，比及积岁，皆为合抱。亭宇台榭，值景而造，所谓三阁八亭二台、龟首、旋螺之类，名载《图经》，盖旧物也。钱氏去国，此园不毁。"今考其大致范围，南至城濠，北至今书院巷、侍其巷一线，东至今人民路，西至今吉庆街、西大街。北宋中期以后，由于苏州城市建设南移，南园面积逐渐缩小，景观也逐渐旷废，部分锄为菜圃，清池乔木往往杂次于民居间。建炎毁城后，南园圮废殆尽。

宋元以后，南园的概念扩大了，泛指城南的一大片田野。其大致范围，东和南都至城濠，西至今东大街。北至则不一，今人民路以西，北至今新市路；今人民路以东，或北至沧浪亭南一线，或北至羊王庙一线，或北至今十全街一线。那里除村舍、菜塍、池塘、河流、荒坟、杂树、小桥外，还有几处坛庙、几处院落。

早春时，菜花极盛，暖风烂漫，一望金黄。郡城仕女纷纷前往，游春赏景，寻芳选胜。沈复家住城南，某次邀约朋友去那里野炊，《浮生六记·闲情记趣》说："至南园，择柳荫下团坐。先烹茗，饮毕，然后暖酒烹肴。是时风和日丽，遍地黄金，青衫红袖，越阡度陌，蝶蜂乱飞，令人不饮自醉。既而酒肴俱熟，坐地大嚼。"在前人咏唱里，南园半村半郭，一片田园风光。

南园以蔬菜种植为主，每天清晨，菜农纷纷挑担入市。

金孟远《吴门新竹枝》云:"胶白青菠雪里蕻,声声唤卖小桥东。担筐不问兴亡事,输与南园卖菜翁。"自注:"盘门内南园,农人多以种菜为业。按胶菜、白菜、青菜、菠菜、雪里蕻菜,皆南园名产也。"这一城市田园景象,一直持续到20世纪70年代后期,在行政建制上称"娄葑公社南园大队"。当时沿着工人文化宫南墙往东走,就完全是农村景象了,茅舍竹篱,鸡犬桑田,泥路边上,粪缸一只接着一只,微风吹来,不时闻得到那种特殊的气味。

北园,一说亦由园墅得名。袁学澜《姑苏竹枝词》云:"探胜南园复北园,菜畦风暖蝶蜂喧。携樽重访钱吴迹,乔木清池绕断垣。"自注:"北园在阊门内后板厂,为苏怀愚御史所建,名苏家园。今皆为菜陇,春时黄花散金,游人群集,犹称胜景云。"但晚近说的北园,乃指娄门、齐门间的一片田野。清顺治十六年(1659),郑成功围江宁,苏州有驻防之师,圈封娄门至桃花坞一带民居为大营,以迎春坊为镇帅府,有东大营门、西大营门。战事未起,大营夷为菜圃。因城南有南园,故将这一片田野称为北园。

据乾隆《姑苏城图》,北园一区注"此一大片尽是园地"。顾禄《清嘉录》卷三说:"南园、北园,菜花遍放,而北园为尤盛,暖风烂漫,一望黄金,到处皆绞缚芦棚,安排酒炉茶桌,以迎游冶。青衫白袷,错杂其中,夕阳在山,犹闻笑语。"蔡云《吴歈百绝》云:"北园看了菜花回,又蚤春残设饯杯。此日无钱堪买醉,半壶艳色倒玫瑰。"

北园　摄于20世纪30年代

苏州古城

北园　摄于20世纪30年代

北园　摄于20世纪40年代

自注:"菜花惟北园为盛,游人集焉。"北园一带的空旷景象,在民国旧影中还能看到。

天赐庄,在葑门内十梓街望星桥东。乾隆《元和县志·疆域》说:"天赐庄,即韩衙前,旧名姜家衖。"前人也将其南北之区,统称天赐庄。在那一片区域里,五代吴越国时有东圃,也称东庄或东墅,乃钱元璙子文奉所创。《吴郡志·园亭》称其"营之三十年间,极园池之赏,奇卉异木,及其身见,皆成合抱,又累土为山,亦成岩谷"。明景泰初,韩雍于此建葑溪草堂,自作《葑溪草堂记》说:"予家苏城葑溪之上,家之东有园三十亩,竹木丛深,市井远隔,中有方池,周二百步,溪流自东南来注其中。"吴宽父吴融则于此建东庄,李东阳撰《东庄记》,沈周绘《东庄图册》,凡二十一景。至嘉靖朝,布政司左参议徐廷裸因东庄之址而加完饬,人称徐参议园、徐少参园。

岁月无情,延至清初,天赐庄里的园墅已荡然无存。乾隆《姑苏城图》于此注"此一大片是田",俗称钟楼、方塔的文昌阁,耸立田野中,还点缀着东城桥、折桂桥、圣贤堂、青松庵等寥寥无几的建筑。直到光绪初年,美国基督教监理公会以此为传教基地,建造了圣约翰教堂,开办了东吴大学堂、博习医院等。范烟桥《茶烟歇·杏坛花雨》说:"天赐庄自成一区,自望信桥来,冬青屏绿,长垣迤逦,别有风格。若在秋深,缘壁而生之菱角草,殷红如枫叶,而法兰西梧桐黄叶乱飞,觉天然图画,胜于粉本也。"

明清历任地方大吏，对王废基、南园、北园、天赐庄等城中田野，都没有做发展的规划，自然各有原因。但保留城市绿地，维护生态环境，对苏州这样经济繁荣、人口众多的大城来说，具有重要意义，尽管这种无所作为是并不自觉的。

第三节　衙署林立的省城

自清顺治二年（1645）平定江南后，苏州成为省城，官僚政治体系的确立，形成了衙署林立的城市特征。

这里介绍一下主要衙署的建置和建筑。

巡抚都御史台，在书院巷，今属苏州卫生技术学院。清代巡抚为一省最高行政长官，掌财政、民政、吏治、刑狱、军政，地位略次于总督。顺治二年改南直隶为江南省，分设江宁、安庐池太、凤阳、操江四巡抚。江宁巡抚驻苏州，辖江宁、苏州、松江、常州、镇江五府。康熙五年（1666）分江南省为江苏、安徽两省，江苏巡抚驻苏州，辖江宁、苏州、松江、常州、镇江、扬州、淮安七府，徐州一州。自乾隆二十五年（1760）起，增辖徐州一府，太仓、通州、海州三直隶州。巡抚都御史台本鹤山书院旧址，前明永乐、宣德间巡抚苍郡，即治事其中。顺治九年（1652）复建。大门外有东西辕门，东曰"保障东南"，西曰"澄清海甸"。大门内东、西为土地祠、寅宾馆。大堂三楹，额曰"明慎容保"。先后建闻喜堂、来鹤楼、鹿随轩、深净轩、思贤堂、魁星阁等，辟后囿小沧浪。至20世纪70年代，同治五年（1866）重建之大门、仪门、大堂、后堂、后楼等，尚保存完好。今则原构仅存大门、仪门。

承宣布政使署，在学士街，今属苏州教师发展中心。清代布政使掌全省民政、田赋、户籍等，为总督、巡抚属官。顺治十八年（1661）移右布政使驻苏州府，辖江宁、苏州、松江、常州、镇江五府。康熙五年（1666），增辖扬州、淮安两府，徐州一州，仍驻苏州。乾隆二十五年（1760）改江苏苏州布政使，辖苏州、松江、常州、镇江四府，太仓一州。使署本王鏊怡老园，康熙元年（1662）巡抚韩世琦更新之，大门东向，仪门南向，中为正己堂，东为银库，西为钱库。五年（1666），右布政使佟彭年捐俸重建，改大门为南向，并建三尊堂为宾馆。咸丰兵燹毁，同治六年（1867）重建。今仅存后楼一座，左右带厢楼。

提刑按察使署，在道前街，今为行政机关大院。清代按察使掌一省刑名按劾之事，具司法和监察职能，兼领本省驿传，为总督、巡抚属官。雍正八年（1730），自江宁移苏州，即原苏松兵巡道署建衙。咸丰兵燹毁，同治五年（1866）重建。今正路存大门及八字照墙、二堂、楼厅，东路存花厅两座及楼厅，后有花园，园中唯小楼为清代建筑。

提学使署，在沧浪亭北，即可园址。雍正七年（1729），巡抚尹继善即废祠建近山林，以馆奉使至郡者。嘉庆十年

可园 摄于20世纪40年代

（1805）建正谊书院。道光七年（1827），布政使梁章钜将西偏之园拨归书院，时占地二十余亩，有挹清堂、坐春舻、濯缨处诸胜。咸同之际毁。光绪十四年（1888），布政使黄彭年重修。三十一年（1905）裁学政差，设江苏提学使署于此。三十三年（1907）改存古学堂。园有学古堂、博约楼、黄公亭、思陆亭、陶亭、藏书楼、浩歌亭、小西湖八景。今已经整理，对外开放。

苏州府署，在道前街（旧府前街），即今苏州会议中心址。明初平吴，即移建府署于此。清初先后建丰盈库、大门、大堂、仪门、宾馆、六曹廊庑等。康熙间设东西两坊，东额曰"泰伯流风""清勤率属"，其额曰"春申旧迹""威惠宜民"。圣祖南巡，先后赐"世恩堂""宜民"。咸丰兵燹，廨宇残毁，同治二年（1863）重修。据民国《吴县志》卷首《苏州府署图》标绘，其中轴线上，有照墙、大门、仪门、黄堂、照墙、宜民堂、内宅、上房、木兰堂、后池，仪门前两侧有差房，仪门两侧有东角门、西角门、宾馆，黄堂前两侧有吏、户、礼、兵、刑、工六曹廊庑及皂隶房，宅门东侧有官厅，宜民堂两侧有花厅，内宅两侧有书房。照磨厅则在署外东吏库，门前亦有照墙。今已无遗迹可寻。

吴县署，在古吴路，吴县直街北，今属第十六中学。明洪武元年（1368）移置，清顺治二年（1645）毁。先后建大堂、东西二库、后堂、川堂、六曹廊舍、内廨、门庑、内堂、后楼等。乾隆二年（1737）增建"明慎""恤刑"两木坊。咸丰兵燹毁，同治十二年（1873）重建。据民国《吴县志》卷首《吴县署图》标绘，其中轴线上，有照墙、大门、二门、大堂、宅门、二堂、内室、上房，两侧有廊庑、厢房、花厅，东隅有土地祠，西隅有监狱、典史厅、粮房。1927年废圮，今已遗迹全无。

长洲县署，在长洲路，福民桥北，今属苏州大学科技创业园。明洪武元年（1368）移置，清顺治二年（1645）毁。康熙间陆续兴建，咸丰兵燹毁，同治十一年（1872）重建。据民国《吴县志》卷首《长洲县署图》标绘，其中轴线上，有照墙、大门、二门、大堂、尊美堂、内室，两侧有廊庑、花厅、书房、厨房、土地祠，东北隅有魁星阁。署之东墙外，有典史厅、宾馆、客厅等；署之西墙外，有监狱等，则早已遗迹全无了。

元和县署，在元和路，今属第一中学。清雍正三年（1725）析长洲县地置县，六年（1728）建治如制。咸丰兵燹毁，同治十一年（1872）重建。据民国《吴县志》卷首《元和县署图》标绘，其中轴线上，有照墙、大门、二门、公生明坊、大堂、二堂、三堂、堂楼，大堂前两侧有廊房，二堂两侧有花厅，三堂两侧有书房，西隅有监狱、典史厅。今存正路两进，东路三进。东路有寿藤轩，轩后有古紫藤一架，相传宋植。

此外，清代苏州的官署，还有宝苏局、铜元局、火药局、军装局、官书局、刷印局、浒墅关、苏州关、善后局、漕运局、督销局、房捐局、牙厘局、厘捐局、膏捐局、落地货捐局、洋务局、医药局、巡警总局、电报局、电话局、邮政局等。

比较特别的是织造府，在带城桥下塘，今属苏州市第十中学。明洪武初在苏州天心桥设织造局，即今北局址，织造宫廷应用丝织品。清顺治三年（1646），工部侍郎陈有明总理苏州织造事，即明嘉定伯周奎故宅建署。康熙十三年（1674）始专为织造衙门。二十三年（1684），在东部营建行宫。圣祖、高宗南巡，皆驻跸于此。据《南巡盛典·名胜》"苏州府行宫"平面图标绘，织造衙门占地较广，建筑规整有序，且有戏台、园池多处。咸丰兵燹毁，

督学试院旧址　摄于20世纪30年代

同治十年（1871）重建，未复旧观。今存大门、仪门等。1996年，维修了以瑞云峰为中心的行宫遗址。

附带说一下督学试院，在今定慧寺巷西首。旧在新阳县，同治三年（1864）巡抚李鸿章奏建今所，有屋160余椽。包天笑《钏影楼回忆录·考市》说："现在这个考场很宽大，里面可以坐数千人。有头门、二门，进去中间一条甬道，两边都是考棚，一直到大堂，大堂后面，还有二堂以及其他厅事、房舍等，预备学政来考试住的。"光绪三十一年（1905）废科举，改设提学使，考试苏州、松江、常州、镇江、太仓四府一州优拔生及举贡生员出路，犹在此举行。

一个城市，拥有如此庞大的行政机构，如此众多的从政人员，如此巨额的住民税款，充分说明清代苏州具有强烈的政治色彩。同时，这些行政机构几乎都集中在城南，也影响了整个城市的格局。

第五章　文脉地标

第一节　文庙和泮宫

苏州之立官学，始于唐肃宗时，浙西都团练观察使李栖筠设学庐。祥符《图经》记子城西南有文宣王庙，疑栖筠所设学庐与庙相近。又据梁肃《昆山县学记》记载，大历九年（774），王纲以大理司直兼任昆山县令，"大启室于庙垣之右，聚五经于其间"。此乃"庙学合一""左庙右学"之权舆，后为天下效法。

北宋景祐元年（1034），范仲淹诏知苏州，因朱公绰等请，始为奏闻，明年立州学于南园一隅，规制初备。朱长文《苏州学记》说："南园者，钱氏之所作也，高木清流，交荫环酾，乃割其巽隅以建学。广殿在左，公堂在右，前有泮池，旁有斋室。是时学者才逾二十人，或言其太广，文正曰：'吾恐异日以为小也。'于是召安定先生首当师席，英才杂沓，自远而至。厥后登科者逾百数，多致显近。"50

多年后，"学者倍蓰于当时，而居不加辟也"。元祐四年（1089），在范仲淹第三子范纯礼的支持下，扩建修葺，期年而成。"公堂廊如也，廊庑翼如也。斋室凡二十二，而始作者十。为屋总百有五十楹，而初建者三之一。立文正公、安定先生祠宇。迁校试厅于公堂之阴，榜曰传道。庖厨澡堂，莫不严洁。"范仲淹延请的州学首任长教胡瑗，字翼之，世称安定先生，泰州人，乃是重要的教育思想家。他提出并实行的分斋、讲习、游息、考察的教育方法，史称"安定学法"，宋仁宗下令在全国推广。

政和三年（1113），苏州升平江府，始称州学为府学。建炎毁城，府学也荡然无遗。绍兴至淳熙间陆续重建。宝

府学文庙大成殿　摄于20世纪初

庆三年（1227）又遭大风雨，建筑大都摧圮，绍定初重建。在《平江图》上，府学占地广大，体制完备。此后屡经重建、修葺，至今遗规仍在。如果将《平江图》与清乾隆《姑苏城图》比较，府学的标识范围几乎重叠，占地约10万平方米。

在中国古代教育史上，苏州府学向以历史悠久、规模宏大、制度规范闻名天下。南宋淳祐六年（1246），李起《苏学重修记》说："吾乡学宫甲于浙右，仪门正殿，授经之堂，肄业之室，若直庐，若廊庑，莫不雄深巨丽。前者规，后者随，殆非一人一日之力起。"明成化四年（1468），徐有贞《苏郡儒学兴修记》说："苏为郡，甲天下，而其儒学之规制亦甲乎天下。是盖有泰伯至德之化、子游文学之风、安定师法之传在焉，不徒财赋之强、衣冠之盛也。"又说："使世之论者，谓吾苏也，郡甲天下之郡，学甲天下之学，人才甲天下之人才，伟哉。"

这一状况，一直持续到晚清。由于废除科举，兴办新学，失于修葺，日益衰颓。20世纪50年代后，其范围一再缩小，部分建筑拆除，侵占情形日甚一日。1978年开始陆续修复，但昔日深广巨丽之观，已无可再睹。

当范仲淹创建州学时，建筑整体已作"左庙右学"，即文庙和泮宫并列，坐北朝南，文庙在东，泮宫在西。后世不断扩建、修葺，基本格局未变。

在文庙中轴线上，依次有黉门、洗马池、棂星门、戟门（又称大成门）、大成殿、崇圣祠（旧称启圣祠）。今存明成化十年（1474）重建的棂星门、戟门、大成殿，及清同治三年（1864）重建的崇圣祠。戟门至大成殿间为广庭，古树参天，东西各有廊庑。大成殿至崇圣祠间，东西亦有廊庑，今仅存西隅一段。棂星门本在戟门以南，今移置戟门以北，为六柱三门四壁出头青石牌坊，总面阔25.5米。冲天柱云冠雕饰盘龙，下立抱鼓石夹杆，两中柱高8米，四边柱高6.86米，柱间有枋额两道，雕行龙、翔凤、仙鹤，并饰日月牌板及云板，四堵砖壁以九方青石板贴面，呈"井"字形，中央雕牡丹或葵花图案，四角饰卷草如意纹，上覆瓦脊，下承石须弥座。整体雕刻雄浑刚健，粗中见细，具有鲜明的明代艺术风格。

在泮宫中轴线上，依次有泮宫坊、学门、钟秀桥、南仪门、泮桥、北仪门、七星桥、明伦堂、敬一亭、尊经阁。南仪门至泮桥间，东有名宦祠、胡文昭祠（胡瑗追谥文昭），西有乡贤祠、范文正祠。泮桥至北仪门间，东有星石、省牲所、韦白二公祠，西有廉石、况公祠、九公祠。过七星桥，东有志道、依仁两斋，西有据德、游艺两斋。敬一亭东有文昌殿，西有洒扫所。尊经阁后则池沼畦圃，长松古桧，亭阁点缀其间。今唯存泮桥、七星桥和同治三年（1864）重建的明伦堂。明伦堂为泮宫主体建筑，为砖博风硬山造，面阔七间30米，进深18.7米。

范仲淹立学，本占钱氏南园之地，水木清华，景物明

府学泮宫　摄于20世纪20年代

瑟,好事者题有"苏学十景",风景之佳丽,遂脍炙人口。王鏊《苏郡学志序》说:"由今观之,大成之殿,明伦之堂,尊经之阁,高壮巨丽,固已雄视他郡,其间方池旋浸,突阜错峙,幽亭曲榭,穹碑古刻,原隰鳞次,松桧森郁,又他郡所无也。"今除泮池一带外,道山、春雨池、碧霞池等均在苏州中学范围内,尚存遗规。

　　文庙、泮宫两组建筑均坐南朝北,南临之街,两宋为昼锦坊,元代起称杨家巷。按营造规制,凡圣贤屋宇前,路面用矩形石板,中央竖接,两旁横列,如笾箕状,故俗称笾箕街。又因文庙、泮宫南墙上嵌立碑石颇多,也称碑记街。1940年《吴县城厢图》上,此街东段称碑记街,西段仍称杨家巷。20世纪50年代,碑记街、杨家巷合并

府学外牌坊　摄于 20 世纪初

称新市路。庙学外东、西，各有牌坊一座，明嘉靖三十七年（1558）立者额曰"万世师表""三吴文献"，清雍正元年（1723）改额"德参天地""道冠古今"，今尚存旧影。

明清时，庙学东西有侧门，东辟于卧龙街，其位置约对直今工人文化宫，西则与今泮环巷相接。跨卧龙街连续筑有三座牌坊，自北而南依次是状元坊、会元坊、解元坊，分别立于明天顺四年（1460）、弘治十二年（1499），乃为全府历科状元、会元、解元而立，属于集体性表彰，因此那里被称为"三元坊"。

1986年，文庙被辟为苏州碑刻博物馆，今泮宫一部分也纳入馆址。馆中碑刻、拓片等收藏丰富，主要有《平江图》《天文图》《地理图》《帝王绍运图》四大宋代石刻，《人帖》《过云楼法帖》等书条石，明清苏州经济碑刻尤多。1961年，宋代石刻被列为全国重点文物保护单位；2001年，苏州文庙与宋代石刻同被列入全国重点文物保护单位。

第二节　浙西第一客馆

客馆，又称亭馆，乃官府接待宾客之处。苏州自古客馆众多，《吴地记》就记有全吴、通波、龙门、临顿、升羽、乌鹊、江风、夷亭八所。自五代吴越至北宋元丰间，更有增置。据《吴郡图经续记·亭馆》记载，有按部、缁衣、济川、皇华、使星、候春、褒德、旌隐、怀远、安流等亭。据《吴郡志》和《平江图》记载，南宋绍定前的客馆，几乎都在城西，除诸亭外，有姑苏馆、升平馆、望云馆等；又有两处高丽馆，一在阊门外，一在盘门外，专门接待高丽国客人。

苏州客馆虽多，若论规模和影响，当以姑苏馆为最。《吴郡志·官宇》说："姑苏馆在盘门里河西城下，绍兴十四年郡守王晙建。体势宏丽，为浙西客馆之最。中分为二，曰南馆、北馆。绍兴间，始与虏通和，使者岁再往来此馆，专以奉国信。贵宾经由，亦假以舣船。登城西望，吴山皆在指顾间。故又作台于城上，以姑苏名之。虽非故处，因馆而名，亦以存旧事也。制度尤瑰，特为吴中伟观。此台正据古胥门，门迹犹存。又有百花洲在台下，射圃在洲之东。台、洲皆晙所建，并馆额皆吴说书。"

这段记载未说明白，姑苏馆在王晙之前就有了。赵鼎《丙辰笔录》记绍兴六年（1136）九月初八日"泊姑苏馆"，虽然当时姑苏馆已遭兵燹，但还是官船的停泊处。至绍兴十四年（1144），王晙在原址重建。孙觌《内简尺牍》卷四《与平江守王侍郎》中的一节写道："传闻姑苏馆宏丽雄深，为三吴之冠，如西楼、齐云之属，又复告成矣。吴门兵火更二十年，阅十数守，凋残如故，至今始复旧观，万口称颂，非区区之私也。"另一节写道："某宦游半天下，如姑苏二馆、北园一亭，承平时亦未尝见，高甍巨栋，呫嗫而办，规模宏大，可支十世。"说得十分明白。但姑苏馆究竟起建于何时，今已无可稽考。

王晙不但重建了姑苏馆，还在城墙上盖了间小石屋，题名"姑苏台"，在城下的荒地上辟了个花圃，题名"百花洲"。姑苏台、百花洲是春秋吴都故迹，王晙信手拈来，以存故事，想不到让后人误会了，以为历史上负有盛名的姑苏台、百花洲就在那里，闹出不少笑话。

从《平江图》上来看，姑苏馆的范围，西至沿城，东至今西大街、吉庆街一线，南至今姑苏区少年宫南墙一线，北至今朱家园一线，与盐仓厅、抽解场、都税务相接。姑苏馆内分南北两区，北区为馆舍所在，大门北向，中分南北两馆，西部有一组建筑，南部有门，与南区相接。南区西部城墙上即姑苏台，东部即百花洲。当时胥门已塞，均由姑苏馆东侧河道（即第一直河）出入盘门。范成大《骖鸾录》就说："石湖居士以乾道壬辰十二月七日发吴郡帅广西，泊船姑苏馆。十四日出盘门，大风雨，不行，泊赤门湾。"

元大德五年（1301）七月，苏州一带风灾，姑苏馆遭到严重破坏，当年冬重修，并改名姑苏驿。此后又有增建，正德《姑苏志·驿递》说："元统元年，张蒙古岱构亭于南，匾曰春泽。后至元二年，庆通建馆及桥，匾曰来远，其北馆曰瞻仪，亭曰凝香，南馆曰宾贤。"

姑苏驿的废置，与至正十一年（1351）重辟胥门有关。

第三节　玄妙观里

玄妙观在城中东北隅，起建于西晋咸宁二年（276），初名真庆道院。唐开元二年（714）改开元宫，天宝二年（743）改紫极宫。北宋太平兴国六年（981）改太一宫，至道中改玉清道观。大中祥符二年（1009）改天庆观。建炎毁城，夷为废墟。绍兴十六年（1146），知府王晥重作两廊。《吴郡志·宫观》说："两廊画灵宝度人经变相，召画史工山林、人物、楼橹、花木各专一技者，分任其事，极其工致。"淳熙初，知府陈岘重建三清殿。六年（1179），殿毁于火，时提刑赵伯骕摄郡，规划重建。夏文彦《图绘宝鉴》卷四称伯骕"尝画姑苏天庆观样进呈，孝宗书其上，令依元样建造，今玄妙观是也"。八年（1181）落成，孝宗赐"金阙寥阳宝殿"额。元元贞元年（1295）诏易江南诸路天庆观为玄妙观，毁所奉宋太祖神主。明洪武四年（1371），清理道教，更为正一丛林，置道纪司于此。正统三年（1438），巡抚侍郎周忱、知府况钟重建弥罗宝阁，请赐道藏。清顺治间三清殿圮，康熙初道士施道渊新之，并建雷尊、天王殿，道纪陶宏化募建东岳庙庑，又建五岳楼。至清中期，为避圣祖玄烨讳，玄妙观写作"圆妙观"或"元妙观"。

玄妙观不但是东南一大道场，也是苏州城中主要的建筑群落。自南宋重建，直至晚近，它的四至无多变化。据《平江图》标注，其南临闻德坊（今观前街），北抵乘鲤坊（今旧学前），东与县社坛（今社坛巷）相接，西邻大云坊（今大成坊巷），周广500余亩。

据道光《元妙观志》卷首《元妙观图》标识，全观对直宫巷，中轴线上依次是正山门、三清殿、弥罗宝阁。正山门八字照墙东西各有一门，东为吉祥门（俗称东角门），西为如意门（俗称西角门）。自吉祥门入，依次有玄坛庙、泰安神州殿、天医药王殿（内有斗母阁、路头庙、五路殿）、真官殿、天后殿（内有三元阁、斗母阁、文昌阁）、文昌殿（内有火神殿）、玄帝殿（内有斗母阁）、火神殿、三茅殿、机房殿、关帝殿（内有长生殿、斗母阁）、东岳殿（内有七十二司庙、十王庙、聚仙楼）。自如意门入，依次有雷尊殿（内有五雷殿、雷神殿）、观音殿、三官殿、八仙殿、水府殿。弥罗宝阁东北有肝胃二气司殿、蓑衣真人殿，西北有穹隆方丈。吉祥门北，三清殿东南，有四角亭、行宫；如意门北，三清殿西南，有六角亭、长生殿等。

这里主要介绍中轴线上的正山门、三清殿和弥罗宝阁。

正山门，重建于乾隆四十年（1775），重檐歇山造，面阔五间20.4米，进深12.5米，于当心间脊柱间设断砌门。前之左右分列辟非、禁坛两将军，后之左右分列马、赵、温、王四天君。

三清殿为正殿，重建落成于南宋淳熙八年（1181），为中国南方最大的宋代木结构建筑，1982年被列为全国重点文物保护单位。殿作重檐歇山式，青瓦筒瓦顶，面阔九间约 45 米，进深六间约 25 米。殿柱作满堂柱，纵横成行，凡七列，每列十柱。四周檐柱为八角形青石柱，刻有宋人所书天尊名号及施舍题记。其梁架结构都合《营造法式》，其内槽中央四缝所用六铺作重抄上昂斗拱，为全国仅存孤例；内槽转角铺作在后金柱上者均用插拱，不用栌斗，亦为全国最古实例。中央五间后金柱间筑砖壁，壁前的砖砌须弥座，供奉玉清元始天尊、上清灵宝天尊、太清道德天尊像，高约 6 米。殿壁置碑多方，以宝庆元年（1225）

玄妙观三清殿　摄于 20 世纪初

张允迪刻老君像最为珍贵，像为吴道子绘，上方有颜真卿书玄宗题赞四言十六句。殿门上有巨匾"妙一统元"，为清初金之俊书，后因重漆，将款去之。

三清殿前有露台，广400平方米，三面围以石栏，各砌踏跺。石栏有浮雕人物、走兽、飞禽、水族等，苍老古朴，形象逼真，至今尚可辨形。露台东南隅有无字碑，本为方孝孺记，革除间忌讳划去，至今尚存。

弥罗宝阁为后殿，不知起建于何时，毁于元末。明正统三年（1438）重建，五年（1440）落成。胡濙《苏州府玄妙观重建弥罗宝阁记》说："正统三年，巡抚侍郎庐陵周公恂如、郡守南昌况公伯律因岁旱，率耆老命都纪郭贵谦祷于其观，遂获甘霖，二公暨阖郡吏民咸欲修坠举废，勠力同心，侍郎、郡守首捐俸赀，以兴复为己任。"重建之阁，高三层，阔九间，奥如巍如，插云切汉，不但是玄妙观内的最高建筑，也是城内的最高楼阁。阁中有六十青石大柱，每柱六面，共360面，面面精雕天尊像，各有名号，作一年360周天的象征。上层供万天帝主，事玉皇，左右三十六天将；中层供万星帝主，事斗姆，左右二十八星宿；底层供万地帝主，事地祇，左右六十花甲星宿。真是猊炉香袅，群真森列。万历三十年（1602）圮，康熙十二年（1673）重修。太平军陷城后，在屋顶增筑瞭望台，光绪间胡雪岩斥资修复。

1912年8月28日晚，弥罗宝阁毁于火。叶圣陶日记

弥罗宝阁　摄于 20 世纪初

弥罗宝阁　摄于 20 世纪初

记道："入夜，红光烛天，人声喧沓，开门而望之，在余家西北面。继而锣声四应矣。后知烧去者为观里弥罗宝阁。此阁年代甚古，工程至巨而精。偌大建筑物付之一炬，殊可惜。"直到1931年，在弥罗宝阁废墟建中山堂。

旧时玄妙观是苏州的市民广场，摊贩辐辏，游人如织。顾禄《清嘉录》卷一记新年里的景象："城中玄妙观，尤为游人所争集。卖画张者，聚市于三清殿，乡人争买芒神春牛图。观内无市鬻之舍，支布幕为庐，晨集暮散，所鬻多糖果、小吃、琐碎玩具，间及什物而已，而橄榄尤为聚处。杂耍诸戏，来自四方，各献所长，以娱游客之目。"平日也是热闹非凡，为百姓的游乐去处，颇多三教九流营生。瞽男盲女，击木鱼铜钹，称说因果；琵琶弦索、胡琴檀板，合动而歌，称苏州滩簧；测字、起课、算命、相面之处，更是闻膻蚁聚；茶坊酒肆及各种小食摊上，吃客如云。此外，卖膏药的，卖盆花的，卖鸟儿的，卖蟋蟀的，货郎蚁聚，星铺杂张。夏日黄昏，市民就纷纷去观内吃"风凉茶"，既可乘风纳凉，又可享受吃食，观赏演艺，选买杂物，这是苏城夏夜的一道风景。

1930年拓宽观前街，正山门两侧的八字照墙被拆除，"保古派"与"保商派"之争，引起轩然大波。此后在正山门两侧各建新派三层楼房各一幢，虽然与玄妙观的整体建筑风格迥异，但还在一个受限制的建筑空间里，三清殿气势尚在。近30年来，观前街屡经改造，两幢三层楼被

玄妙观商市　摄于20世纪20年代

拆除，不再砌墙，而改置木栅。远远望去，三清殿渺乎小也，宛如乡间土地庙。

第四节　钟声塔影

在苏州城内的建筑空间里，寺院占有相当比例，浮图高耸，殿宇轩昂，像设庄严，绘画藻丽，也足以壮观城邑。据《平江图》标注，城之东南隅，有东禅寺、定慧寺、万岁院、报恩院、竹堂寺、妙湛寺、圆通庵、积庆院、普照院、觉报寺、重升院；城之西南隅，有马禅寺、资福东院、开元寺、瑞光寺；城之西北隅，有报恩寺、能仁寺、普贤院、雍熙寺、朱明寺、景德寺、龙兴寺、永定寺；城之东北隅，有北禅寺、北观音院、宝光寺、灵鹫寺、祥符寺、传法寺、妙严寺、广化寺、天宫寺、宁国寺、宝积寺、资寿寺、仁王寺、光孝寺。这都是南宋时较有规模的寺院，远非全部。元明以来，岁月荏苒，兴废无常。从大势来说，晚明以后，率多颓圮，或易为官署民居。特别是太平军据苏期间，几乎荡涤一空。同光间有所重建，已非昔日可比。

迄于今，城内历史悠久、占地较广的寺院，仅存报恩寺、罗汉院、定慧寺三处。

报恩寺，因在府城北陲，俗呼北寺。古为玄通寺，吴赤乌间孙权母吴夫人舍建，一说孙权乳母陈氏舍建。唐开元中诏天下置开元寺，郡以此寺应诏。后唐同光三年（925），钱镠重建开元寺于城西南隅。后周显德中，钱氏移支硎山报恩寺额于此。旧有塔十一级，梁僧正慧建，北宋元丰时经火复新，苏轼舍铜龟以藏舍利。经建炎兵燹，寺塔并毁。

报恩寺　摄于20世纪初

绍兴二十三年（1153），行者大圆重建寺塔，八面九级，推一郡浮图之冠。明清时屡修，规模宏大。祝允明《报恩寺功绩总记》说："浙西之佛刹，其最大且久者，无过于苏城之报恩寺。"经咸丰兵燹，寺几荒废，塔亦将颓圮。今报恩寺已经整修，寺中最突出的建筑是报恩寺塔，作九级八面砖木结构楼阁式，高74米，塔刹约占五分之一。每层挑出平座、腰檐，塔身由外壁、回廊、内壁和塔心方室组成，重檐复宇，翼角翚飞，为一郡浮图之冠。塔东南的不染尘观音殿，重檐歇山造，面阔五楹，进深五间，以楠木为柱，彩绘藻井，画工精细，为苏州现存最完整的明代建筑之一。塔北有清康熙间始建、光绪间重修的古铜佛殿、藏经阁。塔东北有碑亭，置《隆平造像碑》，绘刻至正十九年（1359）张士诚款待元使伯颜的礼仪场景，采用深浮雕手法，层次分明，凡118人，面目清晰，衣褶流畅，为罕见的元代纪事石刻。

　　罗汉院，在城东南隅定慧寺巷。唐咸通中，州民盛楚等于此建般若院，吴越钱氏改罗汉院。北宋雍熙间，王文罕三兄弟捐资重修殿宇，并建砖塔两座。至道二年（996）改额寿宁万岁禅院。明清间屡修，咸同间遭兵火，殿阁廊庑荡然无存，唯双塔耸立断垣残壁间。1954年秋，在抢修两塔的同时，清理了大殿遗址。两塔东西比肩而立，均为七层八面楼阁式砖塔，形式、结构、体量相同，高约34米，底层对边5.5米。二层以上施平座、腰檐，腰檐微翘，翼角轻举，逐层收缩，顶端锥形刹轮高 8.7 米，约占塔高四分之一；每级四面辟壶门，另四面隐出直棂窗形，整体造型玲珑秀丽。双塔在平面设计、内部结构、塔形外貌、塔刹形制上，具有唐宋间砖塔建筑演变的特征。大殿遗址在两塔之北，面阔三间 18.4 米，进深三架 18.1 米，平面基本呈正方形，明间有露台向南伸展。据《营造法式》，此殿应为单檐歇山式。现存四周石檐柱 16 根，高约 4 米，上端有安木枋榫头之卯槽。造型分雕花圆柱、瓜棱柱、八角柱三种。石础 30 个，皆覆盆式，础磶与檐柱造型相配。前檐六柱及础为圆形，通体浮雕牡丹、夏莲、秋葵、缠枝

罗汉院双塔　摄于 20 世纪初

花卉等和婴戏纹饰，构图典雅，雕镂精工，线条流丽，堪称宋代建筑石雕艺术精品。

定慧寺，在罗汉院西，唐咸通间为盛楚所创般若院之子院，五代吴越钱氏时仍属罗汉院，北宋雍熙间称西方院，天禧初赐额定慧，始与寿宁万岁禅院分为两寺。元季兵毁。明洪武、永乐、正统中先后重建，入清后屡屡重修。咸同之际毁于兵火。同治间重修地藏、天王各殿，民国时又作修葺。今寺存山门、天王殿、大殿等，均为清代建筑，坐北朝南。大殿为单檐歇山造，面阔三间19米，进深18米，高约12米。四周檐柱均为抹角石柱，檐下布列象鼻昂枫拱十字牌科，梁架扁作，结构完整。殿前有并峙古银杏两株，树龄200余年。

此外，城内还有瑞光塔、开元寺藏经楼等佛教建筑。

瑞光塔，在城西南隅，近盘门。三国吴赤乌四年（241），僧性康自康居国来，孙权为之建普济院；十年（247），孙权又在院中建十三级舍利塔，以报母恩。五代吴越天福二年（937）重修，相传塔放五色光，敕赐铜牌置塔顶。北宋景德元年（1004）重建。崇宁四年（1105）重修，塔又放五色光，赐名天宁万年宝塔。宣和间朱勔斥赀重修，以十三级太峻，改为七级。建炎兵燹圮，淳熙十三年（1186）重葺。咸丰兵燹，寺毁而塔存，兀然独峙于西风斜照之中。光绪五年（1879）六月，塔刹被大风吹折，更显圮败。1987年，瑞光塔开始全面整修，历时三年竣工。

瑞光塔　摄于20世纪初

塔作七级八面砖木结构楼阁式，通高53.6米，底层外壁对边11.2米，面积逐层递减，外轮廓微呈曲线，塔身由外壁、回廊、塔心三部分组成。1988年，瑞光塔被列为全国重点文物保护单位。20世纪90年代，以瑞光塔为中心，规划盘门景区。

开元寺，在城西南隅，瑞光塔北。后唐同光三年（925），钱镠迁城北开元寺于此。元至治间重建，明永乐间重修。

嘉靖中，寺西偏被侵为民居。万历七年（1579）勘复归寺后，陆续修建大殿、石佛殿、佛阁、天王殿、地藏殿、西方殿、戒坛、藏经阁、万佛阁、普照塔等。咸同兵火后，几成废墟。今开元寺唯存藏经阁，建于万历四十六年（1618）。因曾供无量寿佛，又称无量殿；又因采用磨砖嵌缝纵横拱券结构，俗称无梁殿。阁高30米，面阔七间22米，南北深12米，重檐歇山顶，腰檐敷绿间黄琉璃筒瓦，整体均用细砖砌筑，南北立面相同，上下各辟拱门五座。楼层明间南北拱门上各嵌汉白玉横额，分镌"敕赐藏经阁""普密法藏"。底层明间及两次间南北拱门亦嵌汉白玉横额，分镌佛典三藏

开元寺无梁殿　摄于20世纪20年代

总目"修多罗"（经）、"毗奈耶"（律）、"阿比昙"（论）。阁内上下层各为三大间，楼上藏经，楼下供佛。明间不用拱券，改以叠涩收敛至中央，四隅以斗拱承托八角形穹窿藻井。底层倚柱砖雕须弥座，上下檐垂莲柱、雀替、华板、额枋、斗拱、楼层平座栏杆、斗八藻井、戗角四天王立像等，无不工细精巧。整座藏经阁堪称明代建筑精品。

今城内尚存的佛教遗迹，还有甲辰巷砖塔、大云庵石桥、圆通庵法乳堂等，已寥寥无几矣。

第六章　诗意江南

第一节　坊市·街巷·民居

坊市、街巷、民居是城市的重要构成。坊市的概念比较复杂，就本意来说，坊为聚居之区，市则为贸易之区，截然分处。约在两宋时期，随着城市经济繁荣，两者的界限被打破，坊市制度崩溃。街巷与坊市的概念，既重合，又有区别，一般来说，街巷是坊市制度的后续，按行成街，临街设市。民居则是人居建筑，不论高门华屋，还是蓬门荜户。坊市、街巷、民居，不但是城市生活的主要内容，也是城市空间的主要组成部分。

先说坊。坊作为一个聚居单位，也就是城市居民生活小区的古代概念。它的范围可以是一条街及与之关联的里巷，也可以是由几条街及里巷组成的街区，基本实行全封闭，出入有坊门，坊门有坊额，也有专事管理坊间事务的坊正。坊额是地名的标识，也是后来街巷名称的滥觞。唐代苏州有古坊60处，随着城市人口剧增和经济发展，有的坊废弃，有的坊合并，有的坊分析，另外又有新的坊出现，因此坊名变化较大。早先古坊之名，往往出于典故，两宋时期，则为名德之人"表厥宅里"，与古坊制度已非同一概念。

再说市。宋室南渡以后，平江府城商市繁盛，阛阓热闹，诸市、作坊、瓦子、勾栏、酒楼、歌馆、赁物、市食、小经纪以诸色伎艺人遍城皆是。专业市场也已基本形成，如米行在和丰坊（今西美巷），果子行在馆娃坊（今东美巷），鱼行在嘉鱼坊（今嘉余坊），荐行、谷市在西市坊（今铁瓶巷），草场在栈桥（今吴郎桥东）等。有的直接以商货或行业为名，如药市街（今学士街）、醋坊桥、醋库巷、船坊巷、条坊巷（今调丰巷）、东打绳巷（今东支家巷打线弄）、丝行桥（今马医科巷）、瓶场桥（今窑基弄）、水团巷（今水潭巷）、雪糕桥（今萧家巷东）、沙糕桥（今濠股巷）、豆粉巷（今豆粉园）、大酒巷（今大井巷）、吉油巷（今吉由巷）、油巷（今由巷）、鹅阑桥（今尚书里）、鸭舍桥（今弹子巷口）、纸廊巷（后改紫兰巷）、胭脂桥（今定慧寺巷东南）、珍珠巷（今珍珠弄）、绣线巷、新罗巷（今白塔西路）、安毡巷（今颜家巷一带）、幛子巷（今调丰巷附近）、巾子巷（今大井巷附近）、靸鞋桥（今宜多宾巷东口）、弹子巷（今嘉余坊南）、红炉子桥（今富仁坊巷）、乐鼓巷（今史家巷南）、乌盆桥（今

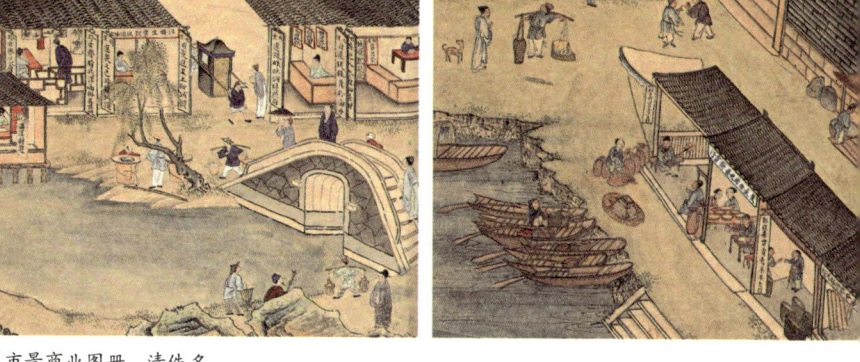

苏州市景商业图册　清佚名

镇抚司前东北）、石灰巷（今绣线巷附近）等等。专业市场的形成，直接揭示了街巷地名，甚至桥名也如此，极有可能当时已形成商品专业化的桥市。

南宋时，乐桥至饮马桥的大街（今人民路），乃城中大市，有丽景楼、花月楼、跨街楼、黄鹤楼、清风楼等市楼；有平权坊（今大石头巷），乃针对市场而言的"谨权量，审法度"；有勾栏巷（后改幽兰巷）、蛾眉桥巷（今三山街）等歌舞娱乐场所集中的街区。明初，大市改为乐桥北的东西向（今干将路）。明代中叶，商业重心转移至阊门内外；清同光年间，商业重心转移至城中临顿路、观前街一带；沪宁铁路通车后，阊门外再度繁荣。

自南宋重建平江府城后，城内的街巷、河道的基本格局变化不大。街巷受河道的限制，城内以三横四直为主干水道系统，有大小河流百余条，纵横密布，经纬贯通，也

街巷　摄于20世纪50年代

苏州古城

水巷　摄于20世纪30年代

水巷　摄于20世纪20年代

水巷　摄于 20 世纪 20 年代

水巷　摄于 1864 年

就形成了水陆平行、河街相邻的景观。迄于今，清后期和民国时期所建民居建筑，仍占相当比例。常见为粉墙黛瓦的立帖式砖木结构，楼房一般为两层。它们散布于全城的百十街坊、千余巷陌，或临河枕水，或前庭后院，或高墙深宅，连缀成片，往往以街巷或河道作分割，组成大大小小的民居建筑群。因此，河道、街巷、民居三者具有密切的关系。

苏州城内的街巷，如棋盘格状分布，或为南北向，或为东西向。南北向大多为干道，也有支巷，往往沿河。东西向则大多为坊巷，有三种情况：一是两巷夹一河，二是一巷一河，三是前后均不沿河。就人们的汲水、洗濯、购物、出行等日常生活来说，前两种情况，由前门或后门的河埠进行；后一种情况，则利用坊巷两端的南北向河道。

南北向坊巷里的民居，因为一面沿河，房屋进深很小，朝向又差，更有的是在南北向深宅大院的隙地，甚至在曲巷滩地之间，大都为中小市民所居，平面一般为"H"形三合院曲尺形或横长方形的沿街建筑。

东西向坊巷里的民居，建筑皆可南向，就纵向发展，以逐进的封闭院落方式布局。有的因为坐落两巷之间，而两巷间的距离过大，不可能为一宅占用，另一宅就有作北向建造的。有的前数进非居住部分北向，其后居住部分作南向，形成了南北向混合的建筑群；有的以避弄为通道，形成了北基南向的格局。

明初对民居建筑有制度规定。《明史·舆服志》说："庶民庐舍，洪武二十六年定制，不过三间五架，不许用斗拱，饰彩色。三十五年复申禁饬，不许造九五间数，房屋虽至一二十所，随其物力，但不许过三间。正统十二年，令稍变通之，庶民房屋架多而间少者，不在禁限。"入清以后，制度虽无明代严格，但在平面上还保存着部分明代遗规。清代苏州民居，虽在平面上限于面阔三间，但在厅旁次间外各加一间来变通，或用避弄间隔，在东西两翼增加建筑，多者有避弄四条，作横向扩展。凡一座座封闭性的院落，称之为路，如中路、东路、西路。

苏州的深宅大院，就仅一路而言，自大门入，经门厅而达轿厅，亦称茶厅。其旁或有小院，其间建筑则作账房、家塾之用。轿厅后有砖雕门楼，一般来说，乾隆以前，门楼形制较为简朴，时代愈后愈是繁饰。大厅作家族大事之用，面阔三间，有的将架数增多，形成长方形的平面。大厅后为上房，也称女厅、堂楼，多数是面阔五间的楼厅，有分隔为五间的，有仅隔梢间，中为三间的，两旁建厢楼，前后天井中亦有隔以短垣，使梢间与厢房自成一区，皆有独立小天井。最后一进为披屋，也称下房，为女仆所居，或兼储藏杂物，也有列为家祠的。厨房一般都在偏路之后，临近后门，周筑围墙，附以柴房，就近设谷仓。其他如门房、轿班、账房、仆从、家厨、塾师、清客的住处，也都与上房隔绝。

避弄和天井是苏州民居建筑的特色。避弄也称备弄、陪弄、边弄、火弄，为两路建筑物中间的夹弄，或是单路建筑物旁的通道；它阴暗深远，狭窄如幽巷，为两旁前后的建筑物起直接联系作用，在民居建筑群中起重要作用。它不仅供女眷、仆从进出，具有回避之意，也方便大家族各房的进出。天井是民居的重要组合元素，有大有小，最小者称"蟹眼天井"。天井又有前后之分，前天井大都植有一两株乔木，或安放荷缸；后天井使南北通风外，也为檐滴落水之地，因后墙粉白返照，使北屋光线明亮，或植梧桐、芭蕉之属，或薜芷藤花附于墙面，则满眼青翠。

民居　摄于20世纪50年代

民居　摄于20世纪50年代

苏州的沿河民居,则是构成水城风光的主要元素,其布局大体可分三种。

一是面水而筑。前门临街,街外是河,河岸上垂柳一行,石栏半截,深宅大院往往在此。庭院深深,连续数进,至宅后,居然也是一河横流,原来大宅是夹在两河之间,前人有道是"门前石街人履步,屋后河中舟楫行",构成前街后河格局。宅前宅后几乎都有通向河道的驳岸踏步石级,既供停靠舟楫,也是浣濯汲水之处,展现着人们的日常生活场景。

二是临水而筑。这都在平行的街和河之间,隙地无多,故紧贴河道,叠石为基,因占地较少,屋宇进深较浅,布置紧凑,并往往建楼;有的还将石基挑出,半悬于水,如前人所谓"人家尽枕河""楼台俯舟楫"。这一幢幢高高低低的互相毗邻,恰好对岸也是如此,便构成幽幽水巷。

三是跨水而筑。民居中恰好有一道河流经过,只好在水上架桥,将两边的建筑连接起来。因为要避雨遮阳,往往将桥建成廊桥,有的黛瓦红栏,有的装起窗棂,明瓦镶嵌着一方玻璃,于是外界的河成了家中的河,自家的桥却也成为街上路人眼中的风景。跨水而筑的民居,还有另一种情形,那就是桥在门外,过桥方可入门,这是由特殊的宅地环境决定的。

清末民初,苏州出现了西式住宅建筑,至20世纪30年代前后,具有西式特征的海派住宅群也开始建造起来,如五卅路金城新村、十梓街信孚里、阊门内下塘长鎏村、养育巷救国里等。它们一般用砖混柱承重，大多为一两层，少数为三层或假三层，或设仿石库门，单门独户，室内用泥墁、地板、钢窗，设晒台或外挑阳台，有自来水（深井供水）、厨房、卫生间等设施。这一时期的西式别墅，以叶氏荫庐（今属儿童医院）、庙堂巷雷宅（今属上海外贸疗养院）、外五泾谢宅（今属阊门饭店）、蒲林巷邹宅（今属电加工研究所）等为代表。

历史的更迭，时代的进步，经济的发展，生活节奏的加快，生活质量的提高，必然对城市建设不断提出新的要求。尽管这种变化有时非常缓慢，甚至停滞不前，但大势所趋，也是无可置疑的。

第二节 城里半园亭

沈朝初《忆江南》词云："苏州好，城里半园亭。几片太湖堆崒嵂，一篙新涨接沙汀。山水自清灵。"唐宋以来，或大或小的园林建筑群，在苏州城市空间中占的比例越来越大，特别是明清时期，园林个体更呈现密集的态势。它既封闭、独立，又与整个城市融为一体，形成了苏州城市的独特风貌。这样一个源远流长、博大精深的园林体系，展现了中国文化的精华，在世界造园史上，具有独特的历史地位和艺术价值。1997年，以拙政园、留园、网师园、环秀山庄为典型例证的苏州古典园林，列入《世界遗产名录》；2000年，沧浪亭、狮子林、艺圃、耦园、退思园作为苏州古典园林的增补项目，列入《世界遗产名录》。

苏州园林滥觞于春秋后期的寿梦至阖闾、夫差时代，代表作有夏驾湖、长洲苑、华林园、梧桐园、姑苏台、馆娃宫等，均属吴王苑囿范畴。战国至西汉时期，衙署开始构置园景。自佛教输入后，不少寺院也都有花木泉石之胜。

作为苏州园林正脉的私家园林，迟在西晋以后方被文献记录。相传石崇晚年在石湖有庄园，石湖因此而得名。至东晋六朝，更其多矣。《世说新语·简傲》记了两处：一是王徽之所游"极有好竹"之园；一是王献之所游之顾辟疆园。王珣兄弟的虎丘别业，戴颙之园，代表着这一时期的造园风尚。

进入唐五代，苏州造园活动更趋活跃。城内外有陆龟蒙震泽别业、某处士苏台别业、顾况草堂、褚家林亭、韦承总幽居、颜荛林园、任晦园、陈子美小亭、凌处士庄、陆去奢楼亭、大酒巷富人园第、孙园等。如任晦园，叠山凿池，且以山池变换空间。吴越国钱氏热衷造园，归有光《沧浪亭记》称"诸子姻戚乘时奢僭，宫馆苑囿，极一时之盛"。

两宋时期，城内园林更加密集，著名的有蒋堂隐圃、苏舜钦沧浪亭、吴感红梅阁、朱长文父子乐圃、叶清臣小隐堂和秀野亭、梅宣义五亩园、章粢桃花坞别墅、朱勔父子同乐园和养植园、张几仲张园、范成大范村、史正志万卷堂、孟忠厚藏春园、赵师睪昼锦园、蓝师稷万华堂、杨存中杨园、荣薿筠谷等。官府所建各客馆，皆具花石楼台之观。郡学、郡治及吴、长洲两县治，也均有园林之胜。这一时期，苏州造园大量采用太湖石叠山置景，并重视花木培植。史正志的《史氏菊谱》、范成大的《梅谱》《范村菊谱》，在花木观赏上做了文字归纳。从园林史上来说，执掌"花石纲"的朱勔，客观上推动了江南造园活动的进一步兴盛。

元代苏州造园，乃是南宋风气的延续。城内新建的私家园林，主要有朱廷珍松石轩、陈基小丹丘、俞仲温石涧书隐等。至正二年（1342）僧维则建狮子林菩提正宗寺，则是寺院园林的代表，经名人品题，最号奇胜。

沧浪亭　摄于20世纪初

狮子林　摄于20世纪30年代

约从明中期开始,造园之风,日趋炽盛。黄省曾《吴风录》说:"至今吴中富豪竞以湖石筑峙奇峰阴洞,至诸贵占据名岛,以凿琢而嵌空妙绝,珍花异木,错映阑圃,虽闾阎小户亦饰小小盆岛为玩。"明代苏州新建、改建的园林,数量甚多,更注重诗情画意的意境构造。城郭范围内的韩雍莳溪草堂、孔镛墨池园、吴一鹏真趣园、徐廷祼园、吴融东庄、王鏊怡老园、徐泰时榆绣园、徐仲简紫芝园、王献臣拙政园、王心一归田园居、文肇祉塔影园、文震孟药圃、文震亨香草垞、顾凝远芳草园、陈仁锡无梦园等,在园林史上都是绚烂夺目的作品。明代苏州园林大都因阜掇山,因洼疏池,以清新自然取胜;或也有堆叠假山,营造山林气息,但大都追求疏朗明快的风格。

入清以后,因城市繁荣,隙地日少,土地价格不断上扬,园林布局大都比较紧凑,亭台楼阁环水池而建造,构筑精致玲珑,巧于因借,并注重室内的陈设装修。这一时期,城郭范围内的代表作,有顾汧凤池园、顾咸予雅园、顾嗣协依园、顾嗣立秀野园、陆锦涉园、尤侗亦园、慕天颜慕家花园、李果莳湄草堂、宋宗元网师园、沈世奕止园、蒋重光塔影园、蒋垓绣谷、方还勺园、王庭槐渔隐小圃、刘恕寒碧山庄、石韫玉五柳园、吴嘉洤退园、袁学澜双塔影园、顾文彬怡园、吴云听枫园、史杰半园、俞樾曲园等,有的是新建,有的是在旧园基础上增建或改筑。另外,沧浪亭、可园、织造府等官署园林亦屡经修葺。

留园 摄于20世纪20年代

拙政园 摄于20世纪20年代

据民国《吴县志·舆地考·第宅园林》记载，苏州府附郭吴、长洲、元和三县的第宅园林，明代有254处，清代有172处。这个统计数据并不准确。首先，"园林"和"第宅"不能混为一谈，有的园宅结合，更多的是有宅无园；其次，不少园林传承因袭，分合无常，园主易人，园名不同；其三，许多民居里的小园未被记载。但就整个城市空间来说，大小私家园林确占有相当比例。此外，官署、寺观、祠庙、会馆、公所乃至茶肆、酒楼也往往有亭台楼阁、竹木花石之胜；故称苏州"城里半园亭"，并不夸饰。

苏州城内的园林，小者数亩，大者逾百亩，分割着城市空间，必然影响城市风貌。首先，园林个体的叠石、土丘、建筑、树木等，形成了高凸于园墙的景观；其次，园林借景于园外的城墙、河流、佛塔、远山；其三，大小园

拙政园　摄于20世纪20年代

林分布全城，尤多坐落于民居集中的街巷之中，不但改变了周边的建筑环境，而且调节了这一区域的建筑密度；其四，不少园林临流而筑，改变了寻常的水巷风景，如沧浪亭、耦园，隔水而望，使对岸的建筑立面富有变化；其五，规模较大的园林，它的周边往往形成幽静的深巷，一带园墙，迤逦数里，漏窗洞开，繁花悬垂，行人稀少，更显静谧，那正是戴望舒《雨巷》的意境。

第三节　画桥三百映江城

苏州坐落水乡泽国，桥也就是必不可少的交通设施。苏州城内，河道纵横，街巷连接着桥，桥串缀着街巷；苏州城外，四围皆水，桥贯通了城的内外，再延伸至四郊的乡路山道，更有数不清的桥。还有寺观祠庙的桥，分界了尘世；官宇学校的桥，遵循了礼制；园林别墅的桥，则点缀了风景。

据白居易所咏、陆广微所述、范成大所记，唐宋时苏州有桥三百数十，历元明迄晚清，依然如星罗棋布，岂无倾覆而辄重修，既有撤除而亦增建，故其历史之久、数量之众、样式之多，其他水乡城市难以比肩。就材料来说，先是以木构为主，至宋代大都以石易木，后来以石构为主，间亦用砖；所用之石，以花岗石、武康石、青石为主，各个时期不同，这也是判断桥梁年代的重要依据。就造型来说，交通性古桥，以拱桥、平桥为主，以连拱为特色，有三拱、五拱乃至如宝带桥有五十三拱；景观性古桥，有步碇、曲桥、廊桥等。就技术来说，宋元时期所建拱桥或连拱长桥，已广泛采用薄墩技术，坚固持久，造型优美，如垂虹桥、宝带桥、灭渡桥、吴门桥等都是中国桥梁史上的典型之作。就地名史来说，北宋熙宁时已标识桥名，《吴郡图经续记·桥梁》说："近度支韩公子文为守，命每桥刻名于旁，憧憧往来，莫不见之。"这使得地名具体落实下来，另一方面附加了桥梁的文化价值。就经济生活来说，

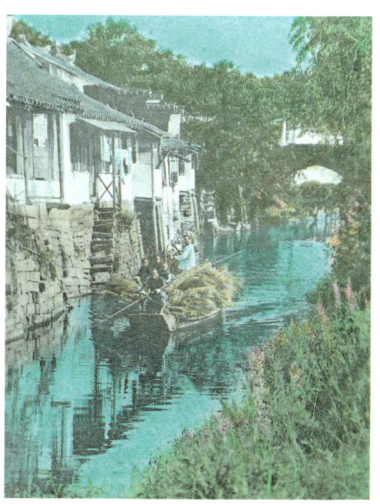

古桥　摄于20世纪30年代

作为交通运输脉络的市场节点,桥市在商品交换中发挥了重要作用,并且形成了专业市场;明清时期苏州织工的"叫找""站桥",也在桥上进行。就民情风俗来说,"走桥"不仅是元宵、中秋等岁时生活的内容,并且是娶亲、出丧、做寿、祈嗣等礼仪活动的节目。

这里列举今城内尚存旧制的桥梁。城内河道以三横四直为大纲,横河自北起数,直河以西起数。跨第一横河,自西至东,依次有板桥、桃花桥、日晖桥、保健桥、张公桥、天后宫桥、周通桥、张香桥。跨第二横河,唯存升龙桥。跨第三横河,自西至东,依次有公和桥、福民桥、志成桥、仓桥、帝赐莲桥、进士桥、南石桥、星造桥。跨第一直河,自北至南,依次有平安桥、教化桥、西城桥、骡駼桥、来远桥、水关桥。跨第二直河,自北至南,依次有堵带桥、星桥、渔郎桥、任蒋桥、善耕桥、花桥、忠善桥、徐贵子桥、青龙桥。跨第四直河,自北至南,依次有潘家桥、庆林桥、胡厢使桥、通利桥、苏军桥、雪糕桥、思婆桥、官太尉桥、寿星桥、百狮子桥、忠信桥。此外,还有跨大新河的通济桥,跨胡厢使河的唐家桥,跨东麒麟河的徐鲤鱼桥,跨柳枝河的朱马交桥,跨南园河的胜迹桥(沧浪亭桥)等。

跨外濠之桥。据同治《苏城地理图》标绘,阊门、葑门、娄门、齐门外均有吊桥,胥门外有万年桥,盘门外有吴门桥,今唯吴门桥为旧制。桥初建于北宋元丰七年(1084),由北岸两座相连的木桥和南岸一座石桥连缀而成,三起三落,俗呼三条桥。在《平江图》上,北面两桥形制相同,注曰"吴门桥";南面一桥较矮,注曰"新桥"。洪武《苏州府志·桥梁》说:"绍定中重建,环以三石洞,尤为壮伟,号吴门桥。"明正统间知府况锺再建,后屡重修。今存者为同治十一年（1872）重建的单孔拱桥，桥孔高大，大船可扬帆而过。桥顶宽 4.8 米，底宽 5.8 米，长 66.3 米，跨径 16 米，南北踏步各 49 级。全桥用花岗石和少量武康石砌筑而成，踏步均为整块条石。桥面中央浮雕轮回纹，桥栏由曲尺形条石连接而成，不施望柱，犹如长椅，可供行人憩息。在桥北金刚墙左右，还砌筑有纤道，宽约 0.6 米。桥洞内砌筑纤道，在全国亦甚罕见。

城外之桥，与郡城关系最密切的是灭渡桥。桥跨京杭运河，在城东南赤门湾南。据张元亨《建灭渡桥记》记载，"由赤门湾距葑门，水道间之，非渡不行。舟人横暴，侵凌旅客，风晨雨昏或颠越取货"。昆山僧人敬修几遭其厄，

吴门桥　摄于 1890 年

于是发愿募资建桥。始作于大德二年（1298）十月，四年（1330）竣工，为单孔半圆拱桥，"南北往来，踊跃称庆，名灭渡，志平横暴也"。桥建成后，屡经修葺。桥身以武康石、青石、花岗石混砌。今桥顶宽3.78米，长70.75米，跨径约23米，东西踏步各53级，两堍略宽，大体呈喇叭形。桥北金刚墙下有桥墩，可防洪水和船只撞击桥身。拱券作分节错缝并列式，厚度仅30厘米，不施横向长铰石，属早期拱券结构形式。在中国桥梁史上，它以跨度宽大、结构轻巧著名。

苏州的桥，勾画了一道道美丽的风景。包天笑《钏影楼回忆录·出就外传》就记下了盛家浜的景象："那里开出门来，便是一条板桥，下面是一条河浜，虽不通船，可是一水盈盈，还不十分污浊。从板桥到街上，一排有十余棵大树，这些大树，都是百余年物了。尤其是在夏天，这十余棵大树，浓荫遮蔽，可以使酷烈的阳光，不致下射。晚凉天气，坐在板桥上纳凉颇为舒适。板桥很阔，都有栏杆。沿浜一带，有八家人家，都有板桥，东邻西舍，唤姊呼姨。"虽然盛家浜至今还在，但那板桥连缀的景象早已看不到了。更多的桥，因填塞河道而拆除，因拓宽道路而改筑。如今想要看看苏州的桥，唯平江路和山塘街上保留较多，尚存旧规。